"双碳"背景下

城市公交的可持续发展

李璐 肖峰 著

四川大学出版社

SICHUAN UNIVERSITY PRESS

图书在版编目（CIP）数据

"双碳"背景下城市公交的可持续发展 / 李璐，肖峰著. -- 成都：四川大学出版社，2024.11
ISBN 978-7-5690-6416-2

Ⅰ. ①双… Ⅱ. ①李… ②肖… Ⅲ. ①城市运输—公共运输—交通运输发展—研究—中国 Ⅳ. ①F512.6

中国国家版本馆 CIP 数据核字（2023）第 199728 号

书　　名："双碳"背景下城市公交的可持续发展
　　　　　"Shuang-Tan" Beijing xia Chengshi Gongjiao de Kechixu Fazhan
著　　者：李　璐　肖　峰

选题策划：梁　平
责任编辑：梁　平
责任校对：叶晗雨
装帧设计：裴菊红
责任印制：李金兰

出版发行：四川大学出版社有限责任公司
　　　　　地址：成都市一环路南一段 24 号（610065）
　　　　　电话：（028）85408311（发行部）、85400276（总编室）
　　　　　电子邮箱：scupress@vip.163.com
　　　　　网址：https://press.scu.edu.cn
印前制作：四川胜翔数码印务设计有限公司
印刷装订：成都金龙印务有限责任公司

成品尺寸：170mm×240mm
印　　张：11.75
字　　数：231 千字

版　　次：2024 年 11 月 第 1 版
印　　次：2024 年 11 月 第 1 次印刷
定　　价：68.00 元

扫码获取数字资源

四川大学出版社
微信公众号

前　言

为了解决城市空气质量问题，电动汽车通常被认为是减少交通部门排放的主要方式之一，特别是对于以公交为导向的大都市，电动公交部署一直是城市空气质量管理的关键因素。

目前，电动公交部署遇到的障碍主要包括行驶里程的范围限制、充电设施的布局以及比传统车辆更高的购置成本。因此，如何用电动公交取代现有的传统公交车是一个关键问题。由于资金的限制，一次性更换整个车队的公交车既不可取也不现实，现有传统公交和电动公交组成的混合车型公交车队可能会更好地取长补短，并获得减排收益。为此，我们的目标是设计出随时间推移的演化式电动公交部署计划，在确保混合车型公交车队能够在出行时间和频率方面满足服务需求的同时，不会对服务质量造成负面影响。

如何在续航里程和充电限制下对混合车型公交车队的公交，尤其是电动公交进行路径规划和调度，是另一个需要解决的关键问题。此外，电动公交行驶里程还受诸多不确定因素的影响，如道路拥堵或载客量的变化。电动公交的有效利用要求在其路线安排和调度计划中明确处理这种里程不确定性。

在本书中，我们首先提出了一种剩余寿命额外收益成本分析方法，通过逐步更换和改装名义退休前的现有公交车，来解决基于发车频率的单车型公交车队管理问题。其次，我们扩展了剩余寿命额外收益成本分析方法，以研究基于发车频率的混合车型公交车队管理问题，最大化提前报废、购买和在新替换公交寿命内规划路径带来的总净收益，这在本书中被称作新生命附加效益成本分析法。再次，通过采用基于车辆行车计划编制的建模方法，我们研究了混合车型公交车队路径规划和调度问题，以及充能站选址问题。我们扩展了第三项研

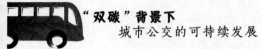

究，并提出了一个框架来解决行驶里程不确定下混合公交车队的位置－路径－调度问题，给出了完整的解决方案。最后，我们介绍了一种嵌入了时间偏差惩罚模型的弹性需求函数，并在其基础上建立了需求响应式公交优化模型，以使社会福利最大化。

目　　录

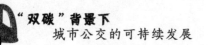

第一章 引　言

第一节　撰书动机

　　环境可持续性已成为公共政策推行的重要因素。欧盟委员会报告说，空气质量差导致过早死亡的人数比道路交通事故导致的更多。在欧洲，细颗粒物每年造成约 40 万人过早死亡（European Environment Agency，2021）[①]。尽管在减少工业、运输和家庭造成的空气污染方面取得了良好进展，并因此减少了与空气污染有关的死亡人数，但欧盟每年与环境污染有关的人类过早死亡超过 10%（European Environment Agency，2023）[②]。

　　公共交通通常被视为一种绿色交通方式。然而，据国际能源署（International Energy Agency）统计，2020 年交通部门的碳排放占全球碳排放量的 25%，且随着社会经济的发展，全球交通碳排量在持续增长[③]。据报道，2020 年欧盟至少有 23.8 万人因 $PM_{2.5}$ 感染过早死亡，4.9 万人因 NO_2 污染过早死亡，2.4 万人因暴露于臭氧过早死亡（European Environment Agency，2022）[④]。可见，道路路侧排放的严重后果可能被低估了，因为大多数公共交

---

　　① European Environment Agency：Europe's state of the environment 2020：change of direction urgently needed to face climate change challenges，reverse degradation and ensure future prosperity，https：//www. eea. europa. eu/highlights/soer2020−europes−environment−state−and−outlook−report.

　　② European Environment Agency：Promoting healthier environment for healthier lives，https：//www. eea. europa. eu/en/newsroom/news/promoting−healthier−environment−for−healthier−lives.

　　③ International Energy Agency：Greenhouse gas emissions from energy data explorer，https：//www. iea. org/data−and−statistics/data−tools/greenhouse−gas−emissions−from−energy−data−explorer.

　　④ European Environment Agency：Premature deaths due to air pollution continue to fall in the EU，more efforts needed to deliver a toxic−free environment，https：//www. eea. europa. eu/en/newsroom/news/premature−deaths−due−to−air−pollution−continue−to−fall−in−the−eu−more−efforts−needed−to−deliver−a−toxic−free−environment.

通使用的重型柴油车辆会造成严重的空气污染。中国香港道路运输的各类污染物排放量在 2010 年至 2020 年间下降明显，主要归功于一系列的车辆污染物排放管制措施，如利用路边遥测仪器侦测排放过量废弃的汽油和柴油车辆并加强管制；为欧Ⅱ型及欧Ⅲ型专营巴士（为了名称尽量统一，全书除公司和部门名称用巴士外，其余统一为公交）加装选择性催化还原器；分阶段淘汰约 8 万辆欧Ⅳ型之前的柴油商用车；由 2017 年起分阶段按车辆类型，把首次登记车辆的废气排放标准收紧至欧Ⅵ型（香港环境保护署，2022）[①]。因此，如果不解决公交的排放问题，就很难解决一个地区的空气质量问题。

《中国移动源环境管理年报（2022）》统计，我国 2021 年机动车四项污染物排放总量为 1557.7 万吨。其中，污染物排放总量的主要贡献者为汽车，其排放的 CO、HC、NO_x 和 PM 占比超过 90%。且柴油车 NO_x 排放量超过汽车排放总量的 80%，PM 超过 90%；柴油车 CO 超过汽车排放总量的 80%，HC 超过 70%[②]。治理道路交通领域碳污染问题仍迫在眉睫。

2022 年发布的《关于促进新时代新能源高质量发展的实施方案》（国办函〔2022〕39 号）明确指出，为实现 2030 年风能、光能发电总装机容量超过 12 亿千瓦的目标，加速建立清洁、低碳、安全和高效的能源结构，必须坚定地以习近平新时代中国特色社会主义思想为导向，全面、精准、深入地贯彻新发展理念，兼顾发展与安全，坚定地推进先立后破、全局筹划，充分发挥新能源在能源供应方面的作用，有力地推进碳达峰、碳中和工作[③]。

2020 年发布的《新能源汽车产业发展规划（2021—2035 年）》（国办发〔2020〕39 号）明确指出，要完善横向协作、纵向贯通的推进机制，推动新能源汽车与能源、交通、信息通信的深度整合，协同推进技术研究、标准制定、推广应用以及基础设施建设，将超大规模市场优势转化为产业竞争力。至 2025 年，我国新能源汽车市场竞争力将显著提升，关键技术如动力电池、驱动电机、车载操作系统等取得重大突破，安全水平全面提高。纯电动乘用车新车平均电耗降至 12.0kW·h/100km，新能源汽车新车销售占汽车新车销售总量的 20% 左右，高度自动驾驶汽车实现特定区域和场景的商业化应用，充换

① 香港环境保护署：《2020 年香港排放清单报告》，https://www.epd.gov.hk/epd/sites/default/files/2020EIRC_15082022.pdf。
② 中华人民共和国生态环境部：《中国移动源环境管理年报（2022）》，https://www.mee.gov.cn/hjzl/sthjzk/ydyhjgl/202212/W020221207387013521948.pdf。
③ 中华人民共和国国务院办公厅：《国务院办公厅转发国家发展改革委国家能源局关于促进新时代新能源高质量发展实施方案的通知》，https://www.gov.cn/zhengce/content/2022-05/30/content_5693013.htm。

电服务便利性显著提升①。

2022 年发布的《推进多式联运发展优化调整运输结构工作方案（2021—2025 年）》（国办发〔2021〕54 号）明确指出，以高质量发展为主题，深化供给侧结构性改革为主线，加速建设交通强国为目标，发展多式联运为抓手，提高基础设施互联互通水平，促进运输组织模式创新，推动技术装备升级，营造统一开放的市场环境，加快建设安全、便捷、高效、绿色、经济的现代化综合交通体系，更好地服务新发展格局，为实现碳达峰、碳中和目标作出交通贡献，完善交通运输的绿色发展政策。为推动多式联运发展和运输结构调整的碳减排政策，鼓励各地制定支持多种运输方式协同、提高综合运输效率、便利新能源和清洁能源车船通行等方面的政策。在特殊敏感保护区域，鼓励创新绿色低碳运输组织模式，保障自然生态安全边界②。同年，《"十四五"现代综合交通运输体系发展规划》（国发〔2021〕27 号）提出，交通运输行业正处于完善设施网络、精准补齐短板的关键时期，促进一体融合、提升服务质效的机遇期，深化改革创新、转变发展方式的攻坚期。为适应国土空间开发保护、新型城镇化建设、全面推进乡村振兴要求，我们应优化发展布局，强化衔接融合，因地制宜地完善区域城乡综合交通网络。我们要坚持以创新为核心，增强发展动力，推动新科技赋能提升交通运输发展质量效率。我们要增强综合交通运输体系韧性，调整发展模式，将绿色发展理念、低碳发展要求贯穿发展全过程，提高运行安全水平和对国家战略安全的保障能力。我们要满足人民对美好生活的向往、促进共同富裕，转变发展路径，促进建管养运并重、设施服务均衡协同、交通运输与经济社会发展深度融合。以全方位转型推动交通运输高质量发展，落实碳达峰、碳中和目标要求，贯彻总体国家安全观，强化资源要素节约集约利用，推动交通运输绿色低碳转型，加强运行安全和应急处置能力建设，提升国际互联互通和运输保障水平，保障产业链供应链安全。到 2025 年，综合交通运输实现一体化融合发展，智能化、绿色化取得实质性突破，综合能力、服务品质、运行效率和整体效益显著提升，交通运输发展迈向世界一流水平③。

为了减少公交排放，从化石燃料汽车过渡到更清洁的替代燃料汽车被认为

---

① 中华人民共和国国务院办公厅：《国务院办公厅关于印发新能源汽车产业发展规划（2021—2035 年）的通知》，https://www.gov.cn/zhengce/content/2020—11/02/content_5556716.htm。

② 中华人民共和国国务院办公厅：《国务院办公厅关于印发推进多式联运发展优化调整运输结构工作方案（2021—2025 年）的通知》，https://www.gov.cn/zhengce/content/2022—01/07/content_5666914.htm。

③ 中华人民共和国国务院：《国务院关于印发"十四五"现代综合交通运输体系发展规划的通知》，https://www.ndrc.gov.cn/fggz/fzzlgh/gjjzxgh/202203/t20220325_1320208.html。

是一种具有前景的方式。在所有现有技术中，电动汽车以其高能效且可替代化石燃料汽车的优势而备受关注。公共交通领域无疑将成为推广电动公交的主要领域，尤其是在一些大都市。根据国际公共交通协会的数据，覆盖约 25 个欧洲城市的 19 家公共交通运营商和当局发布了到 2020 年的电动公交战略，另外 18 个欧洲城市的 13 家公共交通运营商和当局制定了直至 2025 年的电动公交战略（ZeEUS eBus Report，2016）[①]。有了这个趋势，不难看出，电动公交在不久的将来可能会获得显著的市场渗透率。尽管电动公交的资本成本很高，但低能源消耗成本的优势仍然使其有利于替代传统的柴油公交（Feng 和 Figliozzi，2013）。可以说，用电动公交替代燃料公交，仍将是城市空气质量管理的关键驱动因素之一。为促进绿色交通和降低排放的外部成本，政府应发挥重要作用。空气质量相关数据可能会成为政治决策的依据，政府会更支持以经济持续增长和可持续发展为目标的政策，如欧盟委员会 2019 年提出的倡议——"欧洲绿色协议"。

目前，世界上多个国家和机构不断提升机动车排放标准。2019 年通过的欧盟乘用车和货车二氧化碳排放新标准规定，从 2030 年起，欧盟境内新型汽车平均二氧化碳排放量将比 2021 年减少 37.5%，货车减少 31%。一些欧盟国家推出禁售燃油车时间表，努力让新能源车成为交通工具的主体，如荷兰和挪威燃油车禁售时间为 2025 年，比利时和德国为 2030 年，法国为 2040 年。在欧洲，220 多个城镇和 14 个国家正在运营或准备建立低排放区。德国政府还启动了一项名为 Electric Mobility 的计划，以推动交通电气化的研究和开发，包括电动公交和混合动力公交。在政府政策的激励下，出现了许多大规模使用电动公交的情况，例如美国的 TIGER 计划、英国的绿色公交基金计划以及中国的十城千辆计划。

然而，与传统的公交车队部署不同，在部署替代能源公交，尤其是使用电动公交替代时，需要考虑三个主要限制，即行驶里程缩短、充电时间延长和充电设施不足。其中，电动公交行驶里程有限是主要问题之一。发现和减少电动公交在途中搁浅的风险至关重要，因此，如何在行驶范围和充电限制下对电动公交进行路径规划和调度是一个需要解决的关键问题。此外，电动公交的行驶里程具有不确定性，可能会随着拥堵、载客量和路线属性而变化。基于保守或低范围约束的电动公交路径规划和调度计划将导致其利用率不足，这是调度过

---

① ZeEUS：ZeEUS eBus Report—An overview of electric buses in Europe，https://zeeus. eu/uploads/publications/documents/zeeus-ebus-report-internet. pdf.

于频繁和浪费不必要的充电时间所致；与此同时，行驶里程过长和充电限制过于宽松可能会增加途中搁浅的风险，两者都不是可取的。电动公交的有效利用需要明确处理行驶里程的不确定性。因此，组织由电动公交、压缩天然气（CNG）和其他清洁能源公交组成的混合车型公交车队，相互取长补短，以在续航里程、车辆和运营成本以及减排之间达到适当的平衡，可能是有益的。另外，电动公交的广泛部署还需要提供足够的充电站。充电站供不应求将导致电动公交因充电绕更长的路，减少电动公交服务时间，降低调度灵活性和利用率，导致更高的运营成本。相反，供过于求则需要更高的前期基础设施投资，也会阻碍财务可行性。因此，研究充电站的最佳部署对于实现电动公交部署至关重要。如果单纯基于运营商自身的成本收益分析，而忽略了对社会有价值但运营商没有考虑到的减排收益，那么电动公交可能无法实现广泛部署。因此，政府适当补贴电动公交和充电站的部署以提高其财务可行性可能是明智的。尤其重要的是，在确保混合车型公交车队能够完全满足服务需求的同时，政府应设计随时间推移而逐步引入电动公交的最佳计划，避免在出行时间和频率方面对服务质量产生负面影响的情况。也就是说，政府可以推行渐进式部署补贴政策，通过逐步用电动和其他更清洁类型的公交替代现有的柴油公交，并可以随着时间的推移提供相应的政府补贴政策。

除此之外，推行需求响应式公交也是助力城市公交可持续发展的有效举措。一般来说，我们可以把公共交通系统分为两大类：固定路线公交和需求响应公交。传统的固定路线公交通常在高需求地区更具成本效益，但在低需求地区的灵活性较差。而需求响应式公交则提供了一种更为灵活的方式把乘客从一个特定的地区（如郊区）运输到共同的目的地以作为对传统固定路线系统的重要补充。固定路线公交和需求响应公交两者相互补充，因各自运营的特点，都需要对其运营优化性进行研究。

为了研究上述问题，本书将研究固定路线公交车队与需求响应式公交车队的管理和基础设施部署策略，包括公交车更换、改装、路线安排、调度和定位充能站，同时考虑行驶范围和充能问题，以及政府补贴政策。

第二节 关键问题和目标

在考虑政府补贴计划的同时，制定最佳的单车型公交车队内公交的更换和改装策略。

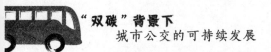
在考虑行驶里程的同时，制定最佳的混合车型公交车队路线和更换策略。

在考虑行驶里程、加油问题和充能站位置的同时，制定最佳的混合车型公交车队路线和调度策略。

制定最佳混合车型公交车队路线和调度策略，同时明确解决不同运营条件下的行驶里程不确定性问题。

在考虑费用、服务区域和运行周期的同时，建立需求响应式公交优化模型，以使社会福利最大化。

第三节　本书结构

本书结构如下：

第一章为引言。

第二章概述了相关主题的文献，包括车辆更换问题、车辆路径问题、车辆行车计划编制问题、车辆续航里程和充能问题、充能站选址问题和政府补贴方案。

第三章提出了一种称为剩余寿命额外收益成本分析的方法，在公交生命周期内让公交提前退休、购买和安排新的替代公交，使净收益最大化。在分析了剩余寿命额外收益成本后，我们提出了基于发车频率的公交车队管理模型；同时还考虑了购买、转售、改装和运营成本、排放因子以及预算约束，并制定了政府补贴计划以实现双赢的解决方案和高效灵活的管理方案。

第四章扩展了剩余寿命额外收益成本分析方法，我们称之为新生命附加效益成本法。该方法在生命周期内让公交车队提前退休、购买和安排新的替代公交，使净收益最大化，构建混合公交车队管理模型。我们提出了两种路径规划方法来解决充能问题，以研究怎样实现准确性和效率的平衡。

第五章研究了在行驶范围和充能约束下具有多车辆类型的多车站车辆行车计划的编制问题。全局最优性是基于自适应时间-空间-能源网络实现的，其精确解决了行驶范围和充能问题，以及充能站选址问题。

第六章构建了一个框架，用于解决行驶里程不确定下多车辆类型的多车站的充能站选址-路径规划-调度问题。我们提出了一个称为行驶里程可靠性的概念来解决两阶段随机规划。这个概念提供了一种方法来合理权衡并充分利用常规公交车队的收益与公交途中搁浅的预期额外成本，从而使公交路线的安排和调度方案在现实中既可靠又具有成本效益。

　　第七章明确介绍了一种嵌入时间偏差惩罚模型的弹性需求函数，并在其基础上建立了需求响应式公交优化模型以使社会福利最大化，其决策变量包括费用、服务区域和运行周期，应用了增广拉格朗日乘子法来解决优化问题，并通过仿真来验证模型的有效性。在数值模拟研究中，灵敏度分析揭示了几个关键参数的影响，如潜在需求密度、车辆容量、公路运输距离和弹性因素。通过比较揭示了适用于需求响应式公交单车和双车方案的需求密度阈值。

　　第八章总结了本书的主要研究结论并提出了潜在的研究方向。

第二章　文献综述

公交车队管理主要涉及路径选择和分配建模，可以使用两种方法进行分析——基于发车频率的方法和基于车辆行车计划编制的方法。基于发车频率的方法根据运行集来考虑服务（Nuzzolo 等，2001）。在这种情况下，运行的规划时间仅由频率表示，且没有划分停靠点公交的到达和离开时间。在车辆更换或改装问题以及没有时间窗的车辆路径问题中，普遍使用的是基于发车频率的方法，其中公交的路径规划和调度被简化为仅由路线和服务频率组成的网络。这种简化极大地缩小了公式规模，降低了由此产生的计算复杂性。

基于车辆行车计划编制的方法是指运行方面的服务，使用实际车辆到达/离开时间来获取可以在运行选择中明确考虑的属性（Nuzzolo 等，2001）。由于基于发车频率的方法没有明确地捕捉到公交运营的时间维度，因此无法捕捉到充能时间和行驶里程要求，但这对于电动公交路径和时间表规划至关重要。为了解决这个问题，有必要借助车辆行车计划编制问题的方法，因为其明确考虑了公交运营的时间维度。

第一节　车辆更换问题

人们对车辆更换问题已经进行了大量研究。早期提出的"修理限度"的概念描述了当资产的修理成本超过一定数额时，就应当更换该资产（Drinkwater 和 Hastings，1967）。从那时起，该概念逐渐扩展到把不完美修复或累积修复成本纳入考虑范围之内（例如 Nguyen 和 Murthy，1981；Beichelt，1982；Dohi 等，2000）。这些模型倾向于关注一次维修的成本，而没有考虑整个系统的前景，一般也没有将总体预算限制考虑在内。随后，Jones 等（1991）引入了并行机替换问题，其想法是在计划区间内最大限度地减少数量有限的、在经济上相互依赖的机器的总更换成本。它提供了两个车队内替换车辆的规则，包括不拆分规则（在任何阶段，相同车龄的机器要么全部保留，要么全部更换）和旧集群更换规则（只有在更换所有旧机器时才更换机器）。它还描述了另一个并行机替换问题，用于在资本配给下替换多个资产。McClurg 和 Chand (2002) 提出了一种前向时间动态规划算法来更好地解决并行机替换问题。所有这些研究都是针对边际成本不增加的确定性解决并行机替换问题。为了扩大对随机情况的考虑范围，Childress 和 Durango-Cohen（2005）制定了一个线性程序，来寻找无限水平随机并行机替换问题的最佳替换策略。这些研究考虑了许多影响机器更换的因素，如采购成本、运营和维护成本、残值和预算约束。然而，对于车辆更换问题，还没有充分考虑车辆排放这一可能会对更换决策产生很大的影响的重要因素。

近年来，随着环境问题日益突出，绿色车队减排管理策略备受关注。Cook 和 Straten（2001）对用替代燃料公交取代北加州现有的公交进行了收益成本分析。研究发现，虽然天然气公交在减排方面带来了巨大收益，但其需要大量的资本成本为使用替代燃料的公交升级设施。其关键是必须考虑减少排放的收益以及更换公交的生命周期成本。Dill（2004）通过改变加速车辆自愿报废计划的假设，提供了更准确的减排估计。其指出，政府的激励措施将对退休车辆的质量产生重大影响。Gao 和 Stasko（2009）提出了一个整数计划，以在预算和排放限制下使改装/更换成本的净现值最小化。之后 Stasko 和 Gao (2010) 更新了他们的方法，从而最大限度地减少在资本预算限制下产生的运营成本和排放罚款。为减少排放，将公交改装也作为一种替代方法。然而，新公交的购买和转售成本并未考虑在内，这可能会造成激进的更换计划。另外，由于采购成本远大于其他成本，如果直接将采购成本加到目标函数中，则可能会出现相反的情况，即可能不会发生早期更换。因此，如何适当地将其纳入替代公交的购买成本仍然是一个重要问题。在遵守排放法规方面，Stasko 和 Gao (2012) 提出了一种近似动态规划方法，用于在具有随机维护和维修成本以及车辆故障等情况的车队环境中做出车辆购买、转售和改装决策。模型的制定以减排目标为导向，让所有公交都能高效达标。

第二节 车辆路径问题

车辆路径问题涉及找到一组路线集，其起点和终点都在一个车站，这些路线共同覆盖了一组具有已知需求的顾客集。每个顾客只由有限容量的车辆服务

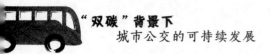

一次，以尽量减少总路线长度（Kolen 等，1987）。

就绿色车辆路线进行的研究中，Erdogan 和 Miller－Hooks（2012）为绿色车辆路径问题提出了两种启发式方法，其中车辆可以在途中的专用车站充能，既不考虑容量限制也不考虑时间窗口。Montoya 等（2015）引入了基于约束最短路径公式的最佳修复程序，该程序将充能站插入绿色车辆路径优化问题中。Felipe 等（2014）用"多种技术和部分充电"扩展了绿色车辆路径问题的研究，其中涉及了部分充电问题。Adler 和 Mirchandani（2014）考虑了运用带有电池更换技术的网络对多辆电动汽车进行路径规划，并提出了一种在线算法来控制跨站的电池更换负载，以最大限度地减少每辆车的平均延迟。Schneider 等（2014）提出了带时间窗的电动汽车路径问题。Schneider 等（2015）为具有中间站的车辆路径问题提出了一种自适应变量邻域搜索，用于解决绿色车辆路径问题和具有最大路线持续时间约束的电动汽车路径规划问题（EVRP）的实例问题。Hiermann 等（2016）通过考虑不同加强能力汽车（ECV）的异构车队扩展了 Schneider 等（2014）提出的带时间窗的电动汽车路径问题公式。该研究考虑了容量和成本不同的多种车辆类型。结果表明，在车辆路径问题中考虑不同车辆类型的车辆组合更加有利。

与电动汽车路线的研究相比，电动公交路线的研究要少得多。Lajunen（2014）对用于城市运营的混合动力和电动公交进行了成本效益分析，并指出在为车队运营选择混合动力和电动公交时，运营时间表和路线规划可以确定为关键因素。Stasko 和 Gao（2010）通过考虑三种不同类型的公交（即传统柴油、柴油混合动力和压缩天然气），提出了一个整数方案，以最大限度地降低运营和排放的综合成本。他们指出，车辆任务分配和购买模型对于管理具有多种能源的公交车队都很重要。Beltran 等（2009）和 Pternea 等（2015）致力于提出一种有效的模型来解决涉及电动公交的公交路线网络设计问题。两项研究都为电动公交分配了有既定行程次数的预期路线。

第三节　车辆行车计划编制问题

车辆行车计划编制问题涉及找到一组轮换集（车辆调度），即有给定时间表的每趟行程都能恰好覆盖一次轮换。对于每次行程，时间表分别指定了起点站和终点站的出发时间和到达时间（Kliewer 等，2002）。

传统的公交调度问题覆盖的是时刻表中的所有行程，其行程时间固定，起点和终点位置固定。这样做的目的是尽量减少公交车队的规模和运营成本。Bunte 和 Kliewer（2009）概述了车辆行车计划编制问题并讨论了几种建模方法。车辆行车计划编制问题已在文献中得到广泛研究，并且有许多扩展，包括多车站车辆行车计划编制问题（Raff，1983；Carpaneto 等，1989）、路线约束车辆行车计划编制问题（Freling 和 Paixao，1995；Raff，1983；Kliewer 等，2008）和多车辆类型车辆行车计划编制问题（Kliewer 等，2006；Hassold 和 Ceder，2012；Ceder 等，2013；Kim 和 Schonfeld，2014；Hassold 和 Ceder，2014）。

　　然而，所有上述车辆行车计划编制问题的研究对象都考虑的是传统车辆，没有一个考虑能源和排放的影响因素。在基于车辆行车计划编制的绿色公交车队管理策略研究中，Li（2013）提出了一种具有最大路线距离限制的车辆行车计划模型，分别用于电动公交以及压缩天然气、柴油和混合动力公交。Zhu 和 Chen（2013）建立了电动公交单车段车辆行车计划编制模型，其中充电时间与相应的公交行驶里程呈线性关系。这两项研究都考虑了单车型公交车队车辆行车计划编制问题，并根据其最大行驶距离设定了公交充电时间表。鉴于目前的续航里程技术状态，由纯电动公交或单个车型组成车队可能不切实际。因此，有必要调查具有替代能源的混合车型公交车队问题，以利用它们的互补特性更好地解决实际问题。Li 和 Head（2009）建立了公交调度模型，以最小化压缩天然气和混合动力公交的运营成本和车辆超额排放，但其未考虑续航里程和充电时间。Paul 和 Yamada（2014）提出了一种基于 k－Greedy 算法的方法，用于电动公交的充电调度和电动公交以及柴油公交的运行调度。到目前为止，大多数车辆调度问题（VSP）研究都是基于行程的。有些人研究了与时间有关的乘客需求和等待时间，以此来安排服务行程。例如，Hassold 和 Ceder（2012）以及 Ceder 等（2013）讨论了如何通过构建旨在最大限度地减少乘客等待时间以提高服务可靠性的模型来使公交服务更具吸引力。

第四节　续航里程和充能问题

　　由于电池的储能能力较小，研究与电动公交能源消耗相关的续航里程不确定性对于电动公交车队的运营和规划至关重要。以前的工作侧重于预测能源需求以估算最大行驶里程，其中有一些使用的是来自真实世界或模拟轨迹的数据（Vaz 等，2015；Zhang 等，2012；Ferreira 等，2013；Wu 等，2015）。然而，

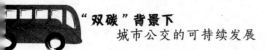

实际行驶里程可能会大不相同，因为有许多因素会影响电动公交的能源消耗或能源效率，如行驶速度、载客量、地形坡度、电池温度和当前电池寿命（Thein 和 Chang，2014；Goeke 和 Schneider，2015）等。例如，Restrepo 等（2014）证明，加热和空调分别使电动汽车的行驶里程每小时减少约 30％ 和 8％。Younes 等（2013）观察到驾驶方式、不同道路类型和环境温度对能源消耗有很大影响。由于文献中的指标不同，以及车辆和环境的不同特性，所有模型参数在一定范围内都存在不确定性，这会导致行驶里程的估算出现变化。因此，如何将行驶里程不确定性明确地纳入规划模型成为一个关键问题。基于保守范围限制的电动公交路线和调度计划将无法使车队得到充分利用，但是，过于激进则会增加在途中搁浅的风险。大多数现有的研究都是通过提出安全行驶范围来解决行驶里程不确定性问题。一些研究通常将安全行驶范围设置为基于行驶距离的完整范围的阈值（Adler 和 Mirchandani，2014；Pternea 等，2015）。例如，Li（2013）、Zhu 和 Chen（2013）都遵循了 80％ 规则来防止搁浅。如果电动公交的最大行驶距离为 100 英里①，则必须在 80 英里之前充电。最近的一些研究考虑了基于能源的安全行驶范围。他们假设能源消耗直接和完全与行驶距离有关，即行驶距离与能源消耗率（电动公交在单位行驶距离上消耗的能源）有关。因此，他们首先根据能源消耗率计算了最大行驶里程，这与之前的研究大不相同。Xylia 等（2017）对电动公交能源消耗进行了文献综述，指出能源消耗率是一个受各种因素影响的不确定变量。然后他们通过使用安全裕度来考虑安全行驶范围。例如，Wang 等（2017）、Mohamed 等（2017）和 Xylia 等（2017）在规划电动公交服务时，将安全行驶里程率分别定义为最大行驶里程的 80％、90％ 和 100％。总之，需要仔细研究这种安全行驶范围背后的基本原理，以有效利用电动公交车队。然而，在回顾文献时，我们惊讶地发现很少有研究调查与电动公交部署相关的这一关键和内在问题。如何设计电动公交的路线和调度以在其最大利用率和途中搁浅风险之间取得适当的平衡，成为需要解决的关键问题。

除了续航里程不确定外，充电问题是另一个不容忽视的方面。在考虑电动汽车路径问题中的充电过程时，我们经常对充电策略和充电函数近似做出假设。前者定义了电动汽车在充电后可以恢复多少能源，后者对充电时间和电池电量之间的关系进行了建模。在充电政策方面，大多数研究都集中在完全充电上。一些该类研究假设了固定的充电时间（Erdogan 和 Miller-Hooks，2012；

---

① 1 英里≈1.6 公里。

Adler 和 Mirchandani，2014；Montoya 等，2015；Hof 等，2017），这对于更换电池式充电是可以接受的，而一些研究假设充电时间是电池电量的线性函数（Schneider 等，2014；Schneider 等，2015；Goeke 和 Schneider，2015；Desaulniers 等，2016；Hiermann 等，2016）。在部分充电策略中，充电恢复的能源是一个决策变量。据我们所知，Felipe 等（2014）第一次考虑了部分充电。大多数关于部分充电的现有研究都考虑了线性函数近似值（Felipe 等，2014；Bruglieri 等，2015；Schiffer 和 Walther，2017a；Desaulniers 等，2016；Keskin 和 Catay，2016）。然而，Montoya 等（2017）建议忽略非线性充电可能会导致不可行或成本过于高昂的解决方案。因此，一些研究开始考虑非线性充电时间（Pelletier 等，2017；Li 等，2016）。

第五节　充电站选址问题

定位充电站是将行驶范围限制纳入车辆路线和调度问题的另一个不可或缺的问题。Mak 等（2013）建立了强大的优化模型，有助于在多周期环境中设计电池更换基础设施的战略决策。He 等（2013）提出了一个宏观规划模型，在不考虑确切位置和容量的情况下，确定了分配给每个大都市区的最佳充电站数量。然后他们着手优化了通用网络上电动汽车充电车道的部署计划（Chen 等，2016）。Lim 和 Kuby（2010）提出了三种启发式算法，使用基于路径的需求来定位替代燃料的充能站。Liu 和 Wang（2017）提出了一种用于定位多种类型电池电动汽车充电设施的建模框架，他们在决策过程中考虑了无线静态和动态充电。

由于目前电动汽车市场渗透率低，充电基础设施不足，因此同时考虑充电站位置问题和电动汽车路线问题是具有前景的，这称为电动汽车定位路线问题。一方面，电动汽车的路线决策可能取决于可用的充电站；另一方面，充电站选址决策主要取决于由基于驾驶模式和行驶里程所估算的充电需求。最近，出现了许多针对电动汽车定位路线问题的研究（Arslan 和 Karasan，2016；Schneider 等，2014；Liao 等，2016；Schiffer 和 Walther，2017b；Yang 和 Sun，2015；Goeke 和 Schneider，2015）。

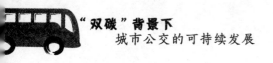

第六节　需求响应式公交优化问题

　　许多关于需求响应式公交的研究主要关注于如何最优周期长度、最优区域设计、临界需求密度和采用策略。Li 和 Quadrifoglio（2009）研究了如何对单车模式下的需求响应式公交服务区域进行优化，并通过仿真实验检验了优化结果。Chandra 和 Quadrifoglio（2013）对比了不同优化策略并确定了需求响应式公交的最优周期长度。Ciaffi 等（2012）也对需求响应式公交道路网络设计优化问题进行了研究。Quadrifoglio 和 Li（2009）比较了固定线路公交和需求响应式公交在不同需求密度下的服务水平，并推导出了在两种运输方式间转换的临界需求密度。此外，Chang 和 Schonfeld（1991）还提出了一种比较固定路线公交和灵活路线公交服务的以使系统成本最小化的模型。其他研究人员将这一研究拓展到了更通用的领域，包括公交服务区域的优化设计、固定和灵活公交系统的集成、多区域公交系统服务类型的转换策略。然而，这些研究将需求响应式公交的需求密度（单位时间和单位面积内的需求）作为独立因素来考虑。实际上，需求响应式公交的需求密度取决于旅客的选择行为，这导致了系统里弹性需求的出现。因此，为填补这一研究空白，本书提出了一种考虑弹性需求的需求响应式公交优化模型来优化需求响应式公交系统。

　　不同于其他固定路线公交，除了旅行时间和费用以外，影响旅客选择需求响应式公交的其中一个因素是行程时间的不确定性。许多研究表明，行程时间的可靠性或不确定性是影响人们选择特定方式或路线的一个重要因素。Khattak 和 Yim（2004）、Yang 和 Cherry（2017）、Yu 等（2017）分别在美国旧金山、田纳西州和中国济南对旅客使用需求响应式公交的意愿进行了研究。他们发现行程时间、行程时间可靠性和费用是影响乘客使用需求响应式公交的三个最重要的因素。Li 等（2015）也在关于城际交通方式选择行为的研究中得到了相同的结论。因此，在需求响应式公交建模中需明确考虑行程时间可靠性。

　　在研究行程时间可靠性时，均值-方差模型被广泛应用，这表明行程时间可靠性可以用行程时间的方差或标准差来表示。由于需求响应式公交模型的行程规划问题属于旅行商问题（TSP）的范畴，行程时间不确定性可以用 TSP 行程时间的方差或标准差来表示。TSP 最优行程长度公式被广泛研究。Beardwood 等在 1959 年做了开创性的工作，矩形区域 A 上点 n 随机均匀分布的最优行程的期望长度可以用 $k\sqrt{nA}$ 来近似。Ong 和 Huang（1989）通过仿真实验验证了该公式对于 TSP 近似的有效性。Jaillet（1988）、Stein（1978）分别标定了 TSP 最优行程长度公式中欧氏距离和曼哈顿距离的常数项 k。此外，Daganzo（1984）通过连续近似研究了区域形状对 TSP 最优行程长度的影响。一般来说，采用 $k\sqrt{nA}$ 形成的公式已经被广泛接受。因此，我们用该公式为 TSP 最优行程长度提供了可接受的近似，根据 Stein（1978）的相关研究，该区域的曼哈顿距离常数为 $k=1.15$。尽管对 TSP 最优行程长度的研究较为成熟，然而对于 TSP 最优行程长度路径标准差的研究较少。因此，我们用仿真数据拟合了 TSP 最短路径的标准差公式来表示需求响应式公交服务的行程时间不确定性。

据我们所知，这是在需求响应式公交优化设计中首次明确考虑了行程时间可靠性影响的研究。我们建立了线性弹性需求函数来反映服务可靠性的需求弹性，并选择服务区域、运行周期和费用作为决策变量。优化的目标是使社会福利最大化或使需求响应式公交公司利润最大化。所提出的方案可以进一步提升需求响应式公交的表现，并增强这种经营方式的可持续性。

第七节　政府补助

由于推动电动汽车市场兴起的前期投资很高，人们普遍认为政府应建立促进绿色交通模式的政策框架，例如提供补贴以鼓励改用电动汽车或向充电基础设施供应商提供土地或退税。Nie 等（2016）提出了一个建模框架以优化激励政策的设计，其阐述了激励政策对电动汽车（PEV）市场渗透动态演变的影响。Stasko 和 Gao（2012）提出了一个模型来预测合规的预期成本，为监管机构和车队经理提供指导。Leou 和 Hung（2017）提出将政府补贴纳入考量的经济模型来研究投资电动公交充电站的财务可行性。

第三章 基于发车频率的单车型公交车队发展策略

第一节 引言

本章提出了一种名为剩余寿命额外收益成本（RLABC）分析的新方法，该方法可最大限度地提高公交在其使用寿命内的净收益，从而实现社会共同利益。在此基础上，我们提出了基于剩余寿命额外收益成本分析的公交车队管理模型，该模型可以说更贴近现实，因为它不仅考虑了把更改固定退休车龄作为公交车队管理方案所产生的额外净收益，还考虑了购买、转售、改装和运营成本、排放因子以及预算约束。传统的公交车队管理方案通常会考虑实际费用，并忽略某些间接收益和成本，这将导致决策无法完整地解决问题。这里建议的方法是通过考虑间接额外收益和成本来巧妙地减少对采购成本问题的顾虑，这将在本章第二节中加以解释，我们称之为社会最优公交车队管理方案。此外，私营公交公司会制定其利润最大化的管理方案，而不是减少排放。针对私营公交公司的这一计划所提出的基于剩余寿命额外收益分析的管理模型，我们称之为公司最优公交车队管理方案。但该方案只是将实际附加成本降至最低，而忽略了减排带来的额外收益。最后，基于这两个模型产生的最优管理方案，我们制订了政府补贴计划，以调查对私营公交公司的何种补贴会为其实施包含减排目标在内的最优公交车队管理计划提供足够的激励。这种方法可以说更贴近现实，因为它既考虑了政府减少排放的目标，又考虑了私营公交公司实现利润最大化的目标。

在本章中，我们将六种主要类型的排放视为速度和排放标准的函数，并通过相应的外部成本将它们转换为货币形式。为了说明该方法，我们以中国香港更换欧Ⅳ专营公交为背景，将模型应用于香港最大的公交公司。然而，该研究的方法只适用于一般情况。本章的结构如下：第二节介绍了方法论，第三节描述了该方法在香港案例研究中的实施，第四节为本章小结。

第二节　单车型公交车队规划模型

一、剩余寿命额外收益成本分析

（一）概述

在公交标准退休车龄之前提前退休公交或改装公交将产生额外的收益和成本。问题是如何在减少排放带来的外部成本收益与升级公交以遵循最新排放标准的额外成本之间取得平衡。在这项研究中，我们提出了剩余寿命额外收益成本分析的方法。通过为各种类型的公交计算这些管理决策的剩余寿命额外收益成本，我们生成了净收益关系图表，以确定随着时间的推移，应该对不同类型的公交何时采取何种行动。因此，如果没有预算限制，最优公交车队管理方案将通过参考生成的剩余寿命额外收益成本图来确定，如下所述。

在本章中，与提前退休或改装相关的额外收益被定义为与公交剩余寿命内的减排相关的外部成本节约。对于提前退休，在正常退休年龄之前用符合最新排放标准的公交替换旧排放标准的公交将节省外部污染成本。同样，对于公交的改装，由于改装使公交排放量减少，这将节省一定的外部成本。另外，这些行动会带来额外成本。当一辆公交提前 n 年退休时，处置相应公交的残值时会出现损失。此外，考虑到折价和价格上涨，提前 n 年购买新公交会产生价格差异。这部分内容非常重要，因为它表明提前购买公交会带来间接成本，这在以前没有被注意到。这样，我们就解决了考虑更换公交的购买成本问题，既没有像一些研究那样忽略这个成本项（这个成本很高），也没有将整个更换成本集中摊在一年之内，夸大了其短期影响。最后，模型还记录了在剩余寿命中与不同车龄不同类型公交相关的成本差异。因此，公交改装将在正常退休车龄之前产生额外的收益和成本。

（二）假设

为简单起见，本研究做出以下假设：

（1）假设公交排放最新技术的价格在计划区间结束前保持相对稳定，其价

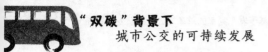

格仅受通货膨胀因素的影响。如果未来能够预测技术的价格，那么得到的结果将更好地反映现实。

（2）公交车队规模随着时间的推移保持不变，即未来出行需求不会发生剧烈变化。

（3）忽略公交尾气的老化效应；我们假设排放率在公交老化期间保持一致，这将使更换计划不会那么激进。

（4）考虑两个成本调整因素。一个是成本折算——我们在计划区间开始时用利率将所有的货币形式转换为现值形式。显然，利率越高，未来现金流的现值越低。另一个是价格通胀，商品和服务的总体价格水平持续上升，导致单位货币可购买的公交数量减少。

（5）新公交一开始全额付款，老公交按年折旧率以折旧价值的一半价格出售。

总体而言，由于上述假设，提前退休计划产生的效益将被低估。因此，本研究的结果是保守的。

（三）符号

（1）集合。

A——运行区域间集。

I——旧公交排放标准集。

I'——新公交排放标准集。

J——公交排放集。

K——改装状态集。

O——非改装状态集。

（2）参数。

B_y^i——公交指数，i 为购买年份 Y^i 的排放标准，一辆 2000 年购买的欧 II 标准公交表示为 $B_{2000}^{Euro\,II}$。

$B_{B_y^i,o,Y_c}^a$——B_y^i 类公交经改装 o 后在区域 a 运行的额外收益（美元），其当前的退休年份为 Y_c。

$B_{B_y^i,Y_{SchemeA}}^a$——B_y^i 类公交在区域 a 运行的额外收益（美元），据方案 A 其在最佳替代年份退休。

$B_{B_y^i,Y_{SchemeB}}^a$——B_y^i 类公交在区域 a 运行的额外收益（美元），根据方案 B 其在最佳替代年份退休。

$B_{B_y^i,ok,Y_c}^a$——B_y^i 类公交在区域 a 运行的额外收益（美元），在当前年份

Y_c，其改装从 o 转换到 k。

$B^a_{B^i_y, ok, Y_{SchemeA}}$——$B^i_y$ 类公交在区域 a 运行的额外收益（美元），根据方案 A 在最佳改装年份，其改装从 o 转换到 k。

$B^a_{B^i_y, ok, Y_{SchemeB}}$——$B^i_y$ 类公交在区域 a 运行的额外收益（美元），根据方案 B 在最佳改装年份，其改装从 o 转换到 k。

$c^a_{B^i_y, Y_c}$——B^i_y 类公交于当前年份在区域 a 运行的运营和维护成本（美元）。

$C^a_{B^i_y, Y_c}$——B^i_y 类公交在区域 a 运行的额外费用（美元），其于当前年份 Y_c 退休。

$C^a_{B^i_y, Y_{SchemeA}}$——B^i_y 类公交在区域 a 运行的额外费用（美元），据方案 A 其在最佳替代年份退休。

$C^a_{B^i_y, Y_{SchemeB}}$——B^i_y 类公交在区域 a 运行的额外费用（美元），据方案 B 其在最佳替代年份退休。

$C^a_{B^i_y, ok, Y_c}$——B^i_y 类公交在区域 a 运行的额外费用（美元），在当前年份 Y_c，其改装从 o 转换到 k。

$C^a_{B^i_y, ok, Y_{SchemeA}}$——$B^i_y$ 类公交在区域 a 运行的额外费用（美元），根据方案 A 在最佳改装年份，其改装从 o 转换到 k。

$C^a_{B^i_y, ok, Y_{SchemeB}}$——$B^i_y$ 类公交在区域 a 运行的额外费用（美元），根据方案 B 在最佳改装年份，其改装从 o 转换到 k。

d_a——单辆公交在 a 地区每年行驶的距离（km）。

E^a_{ioj}——公交经改装 o，按照排放标准 i 在区域 a 运行的污染物 j 的排放因子（kg/km）。

E^a_{noj}——公交经改装 o，按照新排放标准 n 在区域 a 运行的污染物 j 的排放因子（kg/km）。

EC_j——公交排放物 j 的外部成本（美元/kg）。

$F^a_{B^i_y}$——在区域 a 运行的 B^i_y 类公交的车队规模。

$F_{B^i_y}$——B^i_y 类公交的车队规模。

L——公交的使用寿命，与原计划中公交的标准退休年份相同。

M——总预算（美元）。

M_{Y_c}——年度预算（美元）。

P_i——一辆符合排放标准 i 的公交的购买成本（美元）。

P_n——购买最新排放标准公交的成本（美元）。

r_{ok}——从改装 o 转换到 k 公交改装成本（美元）。

Y_c——当前年份指数。

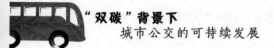
Y^i——购买公交的年份，需执行排放标准 i。

$\underline{Y}$——计划区间的开始年份（基准年）。

$\bar{Y}$——计划区间的最后一年。

α——折旧率。

β——通货膨胀率。

γ——利率。

$\delta^a_{B^i_y,o,Y_c}$——B^i_y 类公交经改装 o 后在区域 a 运行的额外补贴，其即将在当前年份 Y_c 退休。

$\delta^a_{B^i_y,ok,Y_c}$——B^i_y 类公交在区域 a 运行的额外补贴，其在当前年份 Y_c 改装从 o 转换到 k。

$\delta^a_{B^i_y,o,Y_{schemeA}}$——$B^i_y$ 类公交经改装 o 后在区域 a 运行的额外补贴，根据方案 A 其在最佳替代年份退休。

$\delta^a_{B^i_y,ok,Y_{schemeA}}$——$B^i_y$ 类公交在区域 a 运行的额外补贴，根据方案 A 其在最佳改装年份从改装 o 转换到 k。

（3）决策变量。

$N^a_{B^i_y,o,Y_c}$——改装 o 后在区域 a 运行的 B^i_y 类公交数量，在政府补贴方案或方案 A 中其即将在当前年份 Y_c 退休。

$N c^a_{B^i_y,o,Y_c}$——改装 o 后在区域 a 运行的 B^i_y 类公交数量，在私人公交公司计划或方案 B 中其即将在当前年份 Y_c 退休。

$R^a_{B^i_y,ok,Y_c}$——在区域 a 运行的 B^i_y 类公交数量，在政府补贴方案或方案 A 中于当前年份 Y_c 从改装 o 转换到 k。

$R c^a_{B^i_y,ok,Y_c}$——在区域 a 运行的 B^i_y 类公交数量，在私人公交公司计划或方案 B 中于当前年份 Y_c 从改装 o 转换到 k。

$S^a_{B^i_y,o,Y_{SchemeA}}$——改装 o 后在区域 a 运行的 B^i_y 类公交补贴，根据方案 A 其即将在最佳年份退休。

$S^a_{B^i_y,ok,Y_{SchemeA}}$——在区域 a 运行的 B^i_y 类公交补贴，根据方案 A 其在最佳年份从改装 o 转换到 k。

（四）剩余寿命额外收益成本公式

我们首先定义与提前退休和改装相关的额外收益和成本，这在本研究中至关重要。

$$B^{a_i}_{B^i_y,o,Y_c} = \begin{cases} \dfrac{\sum\limits_{j\in J}\left[(E^a_{ioj}-E^a_{noj})d_a\cdot EC_j\right](Y^i+L-Y_c)}{(1+\gamma)^{(Y_c-\underline{Y})}}, & \text{if } Y_c < Y^i+L, \\ 0, & \text{if } Y_c \geqslant Y^i+L \end{cases}$$

$$\forall a\in A, o\in O\cup K, i\in I, n\in I', B^i_y, Y_c \tag{3.1}$$

$$B^{a_i}_{B^i_y,ok,Y_c} = \begin{cases} \dfrac{\sum\limits_{j\in J}\left[(E^a_{ioj}-E^a_{ikj})d_a\cdot EC_j\right](Y^i+L-Y_c)}{(1+\gamma)^{(Y_c-\underline{Y})}}, & \text{if } Y_c < Y^i+L, \\ 0, & \text{if } Y_c \geqslant Y^i+L \end{cases}$$

$$\forall a\in A, o\in O\cup K, k\in K, i\in I, B^i_y, Y_c \tag{3.2}$$

$$C^{a_i}_{B^i_y,Y_c} = \begin{cases} \dfrac{P_i(1-\alpha)^{(Y_c-Y^i)}}{2(1+\gamma)^{(Y_c-\underline{Y})}} + \left[\dfrac{(1+\beta)^{(Y_c-\underline{Y})}}{(1+\gamma)^{(Y_c-\underline{Y})}} - \dfrac{(1+\beta)^{(Y^i+L-\underline{Y})}}{(1+\gamma)^{(Y^i+L-\underline{Y})}}\right]P_n - \\ \sum\limits_{Y_c}^{Y^i+L-1}\dfrac{(c^{a_i}_{B^i_y,Y_c}-c^{a_n}_{B^i_y,Y_c})d_a}{(1+\gamma)^{(Y_c-\underline{Y})}}, & \text{if } Y_c < Y^i+L \\ 0, & \text{if } Y_c \geqslant Y^i+L \end{cases},$$

$$\forall a\in A, i\in I, n\in I', B^i_y, Y_c \tag{3.3}$$

$$C^{a_i}_{B^i_y,ok,Y_c} = \begin{cases} \dfrac{(1+\beta)^{(Y_c-\underline{Y})}}{(1+\gamma)^{(Y_c-\underline{Y})}}r_{ok}, & \text{if } Y_c < Y^i+L, \\ 0, & \text{if } Y_c \geqslant Y^i+L \end{cases},$$

$$\forall a\in A, o\in O\cup K, k\in K, B^i_y, Y_c \tag{3.4}$$

$$\underline{Y} \leqslant Y_c \leqslant \bar{Y}, \forall Y_c \tag{3.5}$$

$$\gamma \geqslant 0 \tag{3.6}$$

式（3.1）和式（3.2）计算了当前的退休年份为 Y_c 的 B^i_y 类公交经改装 o 后在区域 a 运行的额外收益 $B^{a_i}_{B^i_y,o,Y_c}$，以及在当前年份 Y_c 改装从 o 转换到 k 的 B^i_y 类公交在区域 a 运行的额外收益 $B^{a_i}_{B^i_y,ok,Y_c}$，其方法是估算通过提前退休或改装减少排放所节省的外部成本。在这个估算中，我们假设了公交在其正常退休年龄之前退休时产生的外部成本节约。并且出于比较的目的，把这些额外的收益在计划区间或基准年 $\underline{Y}$ 开始时进行折算，所有其他成本项也是如此。

式（3.3）和式（3.4）计算了额外费用 $C^{a_i}_{B^i_y,Y_c}$ 和 $C^{a_i}_{B^i_y,ok,Y_c}$。$C^{a_i}_{B^i_y,ok,Y_c}$ 包括三部分，即提前报废的公交残值处置部分的损失，提前购买最新排放标准的替代公交的差价，以及针对待更换公交的剩余使用寿命，运营旧排放标准公交和一辆排放达标的新公交的成本差异。对于式（3.3）右边第一项，我们假设回收旧公交，将其作为维修或翻新的备件和废金属将节省一半的成本，这意味着旧

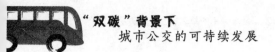

公交折旧价值的一半将损失，即 $\dfrac{P_i\,(1-\alpha)^{(Y_c-Y^i)}}{2}$。将此成本折算到基准年，我们就得到了式（3.3）右边第一项。公交提前退休意味着需要提前（即在其标准使用寿命之前）购买最新排放标准的替代公交。式（3.3）右边第二项捕捉到了此额外成本。$(1+\beta)^{(Y_c-Y)}$ 项代表通货膨胀因素。所以，$\dfrac{(1+\beta)^{(Y_c-Y)}}{(1+\gamma)^{(Y_c-Y)}}P_n$ 代表当前年份 Y_c 购买最新排放标准公交的价值，同时将通货膨胀和利率因素调整到基准年 Y，而 $\dfrac{(1+\beta)^{(Y^i+L-Y)}}{(1+\gamma)^{(Y^i+L-Y)}}P_n$ 是在其标称预期年份 Y^i+L 购买的一辆符合最新排放标准的公交价值，同时类似地将通货膨胀和利率因素调整为基准年 Y。这两项之间的差异给出了提前淘汰购买于 Y^i 年的符合标准 i 的公交，并将其更换为最新排放标准的公交的额外成本。式（3.3）右边第三项表示在即将退休的公交的剩余寿命中，将要退休的公交与新的替代公交之间的运营成本差异，同样折算到基准年。式（3.4）记录了改装成本，将其根据通货膨胀进行调整并折算到基准年。

通过进行剩余寿命额外收益成本分析，对于特定的公交报废案例，可以绘制图表以指示应该对各种类型的公交在何时以及采取哪些行动（如果有的话），即提前报废或改装。然而，为了提供一种系统的方法来推导出受预算约束的最优管理方案，以及量化从最优计划获得的净收益，我们提出了一个整数线性规划来解决本章第二节第二部分中的问题，其中净收益是指额外收益与额外成本之间的差额。

二、社会最优公交车队管理方案

对于社会福利，政府将通过决策变量，通过提前退休或改装某些公交，推导出最优的公交车队管理方案，以最大化净收益 $N^{a}_{B^i_y,o,Y_c}$（即改装 o 后在区域 a 运行的即将在当前年份 Y_c 退休的 B^i_y 类公交数量）和 $R^{a}_{B^i_y,ok,Y_c}$（即在区域 a 运行的于当前年份 Y_c 从改装 o 转换到 k 的 B^i_y 类公交数量）。公式可以表示为：

[方案 A]

$$\max_{N^{a}_{B^i_y,o,Y_c},R^{a}_{B^i_y,ok,Y_c}} z = \sum_{Y_c,a\in A,B^i_y}\Big\{\sum_{o\in O\cup K}(B^{a}_{B^i_y,o,Y_c}-C^{a}_{B^i_y,Y_c})N^{a}_{B^i_y,o,Y_c}+$$

$$\sum_{o\in O\cup K}\sum_{k\in K}\big[(B^{a}_{B^i_y,ok,Y_c}-C^{a}_{B^i_y,ok,Y_c})R^{a}_{B^i_y,ok,Y_c}\big]\Big\} \quad (3.7)$$

约束条件

$$N^{a_i}_{B^i_y,o,\underline{Y}} = 0, \forall a \in A, o \in K, B^i_y \tag{3.8}$$

$$R^{a_i}_{B^i_y,ok,\underline{Y}} = 0, \forall a \in A, o \in K, k' \in K, B^i_y \tag{3.9}$$

$$\sum_{Y_c} N^{a_i}_{B^i_y,o,Y_c} + \sum_{Y_c}\sum_{k \in K} R^{a_i}_{B^i_y,ok,Y_c} = F^{a_i}_{B^i_y}, \forall a \in A, o \in O, B^i_y \tag{3.10}$$

$$\sum_{Y_c} N^{a_i}_{B^i_y,o,Y_c} + \sum_{Y_c}\sum_{k \in K} R^{a_i}_{B^i_y,ok,Y_c} = \sum_{Y_c}\sum_{l \in O \cup K} R^{a_i}_{B^i_y,lo,Y_c},$$
$$\forall a \in A, o \in K, B^i_y \tag{3.11}$$

$$\sum_{a \in A} F^{a_i}_{B^i_y} = F_{B^i_y}, \forall B^i_y \tag{3.12}$$

$$\sum_{\underline{Y}}^{Y_c} N^{a_i}_{B^i_y,o,Y_c} + \sum_{\underline{Y}}^{Y_c}\sum_{k \in K} R^{a_i}_{B^i_y,ok,Y_c} \leqslant \sum_{\underline{Y}}^{Y_c-1}\sum_{l \in O \cup K} R^{a_i}_{B^i_y,lo,Y_c},$$
$$\forall a \in A, o \in K, Y_c \geqslant \underline{Y}+1, B^i_y \tag{3.13}$$

$$\sum_{a \in A, B^i_y}\sum_{o \in O \cup K}\left\{\left[\frac{(1+\beta)^{(Y_c-\underline{Y})}}{(1+\gamma)^{(Y_c-\underline{Y})}} P_n - \frac{P_i(1-\alpha)^{(Y_c-Y^i)}}{2(1+\gamma)^{(Y_c-\underline{Y})}}\right] N^{a_i}_{B^i_y,o,Y_c} + \right.$$
$$\left. \sum_{k \in K} \frac{(1+\beta)^{(Y_c-\underline{Y})}}{(1+\gamma)^{(Y_c-\underline{Y})}} r_{ok} R^{a_i}_{B^i_y,ok,Y_c} \right\} \leqslant \frac{M_{Y_c}}{(1+\gamma)^{(Y_c-\underline{Y})}}, \forall Y_c, i \in I, n \in I' \tag{3.14}$$

$$\sum_{Y_c,a \in A, B^i_y}\sum_{o \in O \cup K}\left\{\left[\frac{(1+\beta)^{(Y_c-\underline{Y})}}{(1+\gamma)^{(Y_c-\underline{Y})}} P_n - \frac{P_i(1-\alpha)^{(Y_c-Y^i)}}{2(1+\gamma)^{(Y_c-\underline{Y})}}\right] N^{a_i}_{B^i_y,o,Y_c} + \right.$$
$$\left. \sum_{k \in K} \frac{(1+\beta)^{(Y_c-\underline{Y})}}{(1+\gamma)^{(Y_c-\underline{Y})}} r_{ok} R^{a_i}_{B^i_y,ok,Y_c} \right\} \leqslant M, \forall i \in I, n \in I' \tag{3.15}$$

$$N^{a_i}_{B^i_y,o,Y_c}, R^{a_i}_{B^i_y,ok,Y_c} \in \mathbf{Z} \tag{3.16}$$

约束式（3.8）和式（3.9）表明在基准年开始时没有发生更换或改装。可以对这些初始条件进行修改以反映实际情况。约束式（3.10）～式（3.13）是同类型公交的守恒条件。式（3.10）表示对于在每个 a 区运行的未进行改装、状态为 o 的公交，从本年度到计划区间结束，需要更换的公交和需要升级为 k 的改装公交的总和应等于初始车队规模。对于先前改装升级为 o 的在每个区域 a 运行的公交也同样如此。式（3.11）指出待更换的以及从当前年份到计划区间结束受到进一步改装升级到 k 的公交总和应等于开始改装状态为 o 的车队规模。约束式（3.12）表示把在每个区域 a 运行的车队相加得出的总车队规模。约束式（3.13）表明将先前改装到 o 的公交，在区域 a 运行时，将其在计划区间开始和当前年份 Y_c 之间更换或升级改装为 k 后，应受限于在 Y_c 年前改装转换为 o 的公交数量。约束式（3.14）和式（3.15）分别是年度预算 M_{Y_c} 和总预算 M，而左边两项都是运营商的实际支出，包括购买成本、转售收入和改

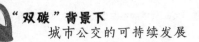

装成本。该整数线性规划的解决方案提供了预算约束下的最佳公交车队管理方案。

最优方案 $N^{a}_{B^i_y,o,Y_c}$ 指于最佳年份 Y_c 替换改装状态为 o 的在区域 a 运行的 B^i_y 类公交。设方案 A 中该公交类型的最佳更换年份为 $Y_{schemeA}$。将这个最佳更换年份代入式（3.1）和式（3.3），我们就获得了当前年份更换这种特定公交类型的相关额外收益和成本，分别表示为：$B^{a}_{B^i_y,Y_{SchemeA}}$、$C^{a}_{B^i_y,Y_{SchemeA}}$。以类似的方式处理最佳改装方案，并将特定公交类型的最佳改装年份代入式（3.2）和式（3.4），我们就获得了当前年份改装这种特定公交类型的额外收益和成本：$B^{a}_{B^i_y,ok,Y_{SchemeA}}$、$C^{a}_{B^i_y,ok,Y_{SchemeA}}$。这两对系数对政府补贴方案的决策具有重要意义，我们将在本章第二节第四部分中进行讨论。

三、公司最优公交车队管理方案

本章第二节第二部分描述的模型考虑的是将整个社会的净收益最大化，这涉及减排收益与公交更换和改装所产生的额外成本之间的最佳权衡。然而，如果公交公司是私营的，如中国香港和许多大都市地区的情况，其目标主要是盈利，而不是社会福利。尽管如此，即使从公司的角度来看，只要有利可图，从17年的标准使用寿命中提早更换某些公交可能也是有意义的。例如，从式（3.3）来看，在通货膨胀率高但利率相对较低的情况下，提前更换可能会导致负的额外成本，因此提前更换受到了鼓励。因此，私营公交公司将会为了自身利益制定另一个将额外成本降至最低的公交车队管理方案。利用本章第二节第一部分中制定的公式，我们可以通过去除与减排相关的额外收益并仅关注剩余寿命的额外成本来确定私营公交公司的最优公交车队管理方案。由此产生的目标函数可以表述如下：

［方案 B］

$$\min_{Nc^{a}_{B^i_y,o,Y_c},Rc^{a}_{B^i_y,ok,Y_c}} z = \sum_{Y_c,a\in A,B^i_y}\Big[\sum_{o\in O\cup K}C^{a}_{B^i_y,Y_c}Nc^{a}_{B^i_y,o,Y_c}+$$

$$\sum_{o\in O\cup K}\sum_{k\in K}C^{a}_{B^i_y,ok,Y_c}Rc^{a}_{B^i_y,ok,Y_c}\Big] \tag{3.17}$$

目标函数式（3.17）是通过决策变量 $Nc^{a}_{B^i_y,o,Y_c}$（即改装 o 后在区域 a 运行的即将在当前年份 Y_c 退休的 B^i_y 类公交数量）和 $Rc^{a}_{B^i_y,ok,Y_c}$（即在区域 a 运行的于当前年份 Y_c 从改装 o 转换到 k 的 B^i_y 类公交数量），使相对于17年默认退休车龄的额外成本最小化。通过将约束中的所有决策变量更改为 $Nc^{a}_{B^i_y,o,Y_c}$

和 $R\,c_{B_y^i,ok,Y_c}^a$ 来求解式（3.8）~式（3.17），就可以确定出对私营公交公司最有利的公交车队管理方案，但其中排除了减排带来的好处。最优方案 N $c_{B_y^i,o,Y_c}^a$ 指在最佳年份 Y_c 替换改装状态为 o、在区域 a 运行的 B_y^i 类公交。设这种公交类型的最佳更换年份为 $Y_{SchemeB}$。将这个最佳更换年份代入式（3.1）和式（3.3），我们就获得了当年更换这种特定公交类型的相关额外收益和成本，分别表示为：$B_{B_y^i,Y_{SchemeB}}^a$、$C_{B_y^i,Y_{SchemeB}}^a$。以类似的方式处理最佳改装方案，并将特定公交类型的最佳改装年份代入式（3.2）和式（3.4），我们就获得了当前年份改装这种特定公交类型的额外收益和成本，分别表示为：$B_{B_y^i,ok,Y_{SchemeB}}^a$、$C_{B_y^i,ok,Y_{SchemeB}}^a$。这两对系数对政府补贴方案的决策具有重要意义，我们将在下文中看到。

四、政府补贴方案

为了吸引私营公交公司实施对社会最优的公交车队管理方案（即方案 A）以减少排放，由于这与成本最小化的公交车队管理计划（即方案 B）不同，因此可能需要某种激励或补贴。毕竟，人们可以辩解称外部排放不应由私营公交公司单独承担。从直观上看，需要的补贴等于实施这个社会最优方案 A 所产生的额外费用，或者是因为这个方案节省的减排外部成本。另外，私营公交公司可能会自行采取某种提前更换或改装的方案，以降低成本。虽然无须补贴，但仍会产生减排的积极效应。只有那些不会降低公司成本但能大幅减少排放的公交早期更换和改装才需要得到补贴。

我们的主要想法是利用补贴来吸引私营公交公司在其自身成本最小化的情况下生成方案 A。也就是说，通过对不同类型的公交适当地予以补贴并将它们包括在成本计算中，使公司成本最小化也会产生一个对社会最优的方案。在定义补贴时，我们做了一个简化假设，即在实施公交车队管理方案时政府和公司没有预算限制。在没有预算限制的情况下，可以独立考虑每种公交类型，而无须与其他公交类型相互影响。通过确定特定类型公交更换或改装的最有利时间，所有相同类型和属性的公交将同时进行相应的更换或改装。在不失一般性的情况下，下面我们推导出了每种公交类型的政府补贴。

给予的补贴特别针对了公交类型、车龄、排放标准、改装状态和运营区域等因素。对于具有上述特定属性的每种公交类型，我们根据方案 B 对其社会净收益进行了比较，在此基础上来确定补贴，即 $B_{B_y^i,o,Y_{SchemeB}}^a - C_{B_y^i,Y_{SchemeB}}^a$（更换）和 $B_{B_y^i,ok,Y_{SchemeB}}^a - C_{B_y^i,ok,Y_{SchemeB}}^a$（改装），我们还根据方案 A 对社会的净收益

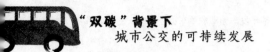

进行比较来确定补贴，即 $B^{a_i}_{B^i_y,o,Y_{SchemeA}} - C^{a_i}_{B^i_y,Y_{SchemeA}}$ 和 $B^{a_i}_{B^i_y,ok,Y_{SchemeA}} - C^{a_i}_{B^i_y,ok,Y_{SchemeA}}$。
如果根据方案 A 更换或改装该公交类型对社会的净收益大于方案 B，即

$$
\begin{cases}
B^{a_i}_{B^i_y,o,Y_{SchemeA}} - C^{a_i}_{B^i_y,Y_{SchemeA}} > B^{a_i}_{B^i_y,o,Y_{SchemeB}} - C^{a_i}_{B^i_y,Y_{SchemeB}} \\
B^{a_i}_{B^i_y,ok,Y_{SchemeA}} - C^{a_i}_{B^i_y,ok,Y_{SchemeA}} > B^{a_i}_{B^i_y,ok,Y_{SchemeB}} - C^{a_i}_{B^i_y,ok,Y_{SchemeB}}
\end{cases} \tag{3.18}
$$

那么，应给予以下补贴以鼓励实施：

$$
S^{a_i}_{B^i_y,o,Y_{SchemeA}} = (C^{a_i}_{B^i_y,Y_{SchemeA}} - C^{a_i}_{B^i_y,Y_{SchemeB}}) + \delta^{a_i}_{B^i_y,o,Y_{SchemeA}} \quad \forall B^i_y,a,o \tag{3.19}
$$

$$
S^{a_i}_{B^i_y,ok,Y_{SchemeA}} = (C^{a_i}_{B^i_y,ok,Y_{SchemeA}} - C^{a_i}_{B^i_y,ok,Y_{SchemeB}}) + \delta^{a_i}_{B^i_y,ok,Y_{SchemeA}} \quad \forall B^i_y,a,ok
$$

$$
\tag{3.20}
$$

式（3.19）和式（3.20）确保了与方案 B 相比，按照方案 A 的提前更换改装方案，不会给公司带来任何财务损失。可见，补贴由两部分组成：一部分是基本补贴，以支付额外的实施成本，即 $C^{a_i}_{B^i_y,Y_{SchemeA}} - C^{a_i}_{B^i_y,Y_{SchemeB}}$ 和 $C^{a_i}_{B^i_y,ok,Y_{SchemeA}} - C^{a_i}_{B^i_y,ok,Y_{SchemeB}}$。也就是说，补贴抵消了公司的任何额外成本。另一部分是进一步鼓励实施的额外补贴，表示为 $\delta^{a_i}_{B^i_y,o,Y_{SchemeA}}$ （经改装 o 后在区域 a 运行的、即将在最佳退休年份 $Y_{SchemeA}$ 退休的 B^i_y 类公交的额外补贴）和 $\delta^{a_i}_{B^i_y,ok,Y_{SchemeA}}$ （在区域 a 运行的、于年份 $Y_{SchemeA}$ 从改装 o 转换到 k 的 B^i_y 类公交的额外补贴）。额外补贴用于确保方案 A 的实施，这是一个需要根据具体情况进行调整或协商的参数。对一些公司来说，即使是盈亏平衡补贴也已足够；而其他公司则可能需要更多补贴。无论如何，这是模型中的一个参数。

在下文中，我们将说明为什么公司会在获得补贴、成本最小化的情况下制定方案 A。让我们将 $S^{a_i}_{B^i_y,o,Y_{SchemeA}}$ 和 $S^{a_i}_{B^i_y,ok,Y_{SchemeA}}$ 代入式（3.17）并使公司的总成本最小化，同时将此计划称为方案 C：

［方案 C］

$$
\min_{Nc^{a_i}_{B^i_y,o,Y_c},Rc^{a_i}_{B^i_y,ok,Y_c^*}} z = \sum_{Y_c,a \in A,B^i_y} \left[\sum_{o \in O \cup K} (C^{a_i}_{B^i_y,Y_c} - S^{a_i}_{B^i_y,o,Y_{SchemeA}}) Nc^{a_i}_{B^i_y,o,Y_c} + \right.
$$

$$
\left. \sum_{o \in O \cup K} \sum_{k \in K} (C^{a_i}_{B^i_y,ok,Y_c} - S^{a_i}_{B^i_y,ok,Y_{SchemeA}}) Rc^{a_i}_{B^i_y,ok,Y_c} \right]
$$

$$
\tag{3.21}
$$

在没有预算约束的情况下，方案 C 可以按公交类型求解。也就是说，对于各种公交类型，我们找到了将其一次性全部更换或改装为一种类型的公交的最低成本，其取决于变量 $Nc^{a_i}_{B^i_y,o,Y_c}$ 和 $Rc^{a_i}_{B^i_y,ok,Y_c}$。在补贴前，系数已在本章第二节第三部分中得到了计算，即方案 B 中的 $C^{a_i}_{B^i_y,Y_{SchemeB}}$ 和 $C^{a_i}_{B^i_y,ok,Y_{SchemeB}}$。由于补贴只给那些有额外净收益的公交类型，所以存在两种系数。没有为社会带来额外净收益的公交类型不能得到补贴。在任何特定年份 Y_c 更换或改装的成本不

小于根据方案 B 在最佳年份更换或改装的成本。

$$C_{B_y^i, Y_c}^{a_i} \geqslant C_{B_y^i, Y_{SchemeB}}^{a_i} \tag{3.22}$$

$$C_{B_y^i, ok, Y_c}^{a_i} \geqslant C_{B_y^i, ok, Y_{SchemeB}}^{a_i} \tag{3.23}$$

因此，就成本最小化而言，从最佳年份 $Y_{SchemeB}$ 到任何其他年份期间，改变这些公交类型的更换或改装计划就失去了动力。

对于获得补贴的公交类型，代入式（3.19）和式（3.20），其在 $Y_{SchemeA}$ 年的成本系数变成：

$$C_{B_y^i, Y_{SchemeA}}^{a_i} - S_{B_y^i, o, Y_{SchemeA}}^{a_i} = C_{B_y^i, Y_{SchemeA}}^{a_i} - \left[(C_{B_y^i, Y_{SchemeA}}^{a_i} - C_{B_y^i, Y_{SchemeB}}^{a_i}) + \delta_{B_y^i, o, Y_{SchemeA}}^{a_i} \right]$$

$$= C_{B_y^i, Y_{SchemeB}}^{a_i} - \delta_{B_y^i, o, Y_{SchemeA}}^{a_i} \leqslant C_{B_y^i, Y_{SchemeB}}^{a_i} \tag{3.24}$$

$$C_{B_y^i, ok, Y_{SchemeA}}^{a_i} - S_{B_y^i, ok, Y_{SchemeA}}^{a_i} = C_{B_y^i, ok, Y_{SchemeA}}^{a_i} - \left[(C_{B_y^i, ok, Y_{SchemeA}}^{a_i} - C_{B_y^i, ok, Y_{SchemeB}}^{a_i}) + \delta_{B_y^i, ok, Y_{SchemeA}}^{a_i} \right]$$

$$= C_{B_y^i, ok, Y_{SchemeB}}^{a_i} - \delta_{B_y^i, ok, Y_{SchemeA}}^{a_i} \leqslant C_{B_y^i, ok, Y_{SchemeB}}^{a_i} \tag{3.25}$$

为了利用补贴，公司可以根据式（3.24）和式（3.25），通过选择于 $Y_{SchemeA}$ 年更换或改装在区域 a 内运行的改装状态为 o 的 B_y^i 类公交来最大限度地降低成本。此外，额外补贴 $\delta_{B_y^i, o, Y_{SchemeA}}^{a_i}$ 和 $\delta_{B_y^i, ok, Y_{SchemeA}}^{a_i}$ 将确保实施方案 A 的成本低于方案 B。因此，方案 C 中的成本最小化将复制方案 A，我们将在本章第三节中进行验证。这也是精确复制方案 A 所需的最低补贴。只要条件式（3.18）成立，可能还有其他带来正向净收益的补贴计划，但其表现不会比式（3.19）和式（3.20）描述的补贴计划更好，这是因为式（3.19）和式（3.20）给出的方案 A 能保证产生最大净收益。

第三节　单车型公交车队规划问题精确求解实例

一、问题背景

根据香港运输署的数据，香港专营公交每日总载客量达 380 万人次，占公共交通工具每日总乘客量的 33.6%。专营公交是香港繁忙街道的主要道路路侧排放源之一。专营公交通过使用更清洁的公交来减少车辆排放，其改善空气质量的作用已得到了认可（Hong Kong Environmental Protection Department，2011)①。尽管私家车是道路车辆温室气体排放的最大组成部分，但轻型、中型和重型卡车一直是道路车辆排放增加的主要来源（U. S. Environmental Protection Agency，2011)②。

根据 2006 年制定的《空气污染管制规例（车辆设计标准）（排放）（修订)》，从 2006 年 10 月起，所有新注册的重型车辆（包括专营公交）必须符合欧Ⅳ排放标准（Legislative Council of Hong Kong，2006)③。由于香港每辆专营公交的使用寿命最长为 17 年（Legislative Council of Hong Kong，2010)④，随着时间的推移，即使没有积极干预，公交产生的排放也会自然减少。问题是，考虑到早期更换的额外费用和预算限制，在它们 17 年的使用寿命之前更换它们是否有益？

2010 年，香港最大的公交公司九龙巴士有限公司载客量约占公共交通客运量的 23%（香港运输署，2010)⑤，九龙巴士有限公司将在指定时间内，将其所有专营公交更换为欧Ⅳ标准公交。我们以这个案例为例来说明本章第二节中提出的方法，并为公交公司和政府提供一个令人满意的管理策略。

二、数据采集及模型设定

（一）九龙巴士有限公司

九龙巴士有限公司由一系列欧盟标准的公交构成，2009 年营运总里程达 3.208 亿 km（香港运输署，2010)⑥；公交在不同地区以不同的平均行驶速度运行，在九龙（KWL）（本例中包括香港岛）为 23km/h，在新界（NT）为 43km/h（香港运输署，2010)⑦。九龙巴士公司的构成在表 3-1 中列出（香港

---

① Hong Kong Environmental Protection Department：Trial of hybrid buses by Franchised Bus Companies，http://www. info. gov. hk/gia/general/201101/05/P201101050149. htm.

② U. S. Environmental Protection Agency：Annex 3 methodological descriptions for additional source or sink categories，https://www. epa. gov/sites/default/files/2021－04/documents/us－ghg－inventory－2021－annex－3－additional－source－or－sink－categories－part－a. pdf.

③ Legislative Council of Hong Kong：LCQ13：Control of emissions from buses，http://www. info. gov. hk/gia/general/200611/22/P200611220141. htm.

④ Legislative Council of Hong Kong：LCQ15：Reduction in the emissions from franchised buses and the resultant pollution，http://www. info. gov. hk/gia/general/201003/17/P201003170099. htm.

⑤ 香港运输署：《2010 年交通文摘》，https://www. td. gov. hk/mini _ site/atd/2010/index. htm。

⑥ 香港运输署：《2010 年交通文摘》，https://www. td. gov. hk/mini _ site/atd/2010/index. htm。

⑦ 香港运输署：《2010 年交通文摘》，https://www. td. gov. hk/mini _ site/atd/2010/index. htm。

巴士资源中心，2015；香港运输署，2010）[1]。

表 3-1　九龙巴士有限公司

等级和 分期阶段	购买年份 （Y_b^i）	2010 年 车龄（年）	退休年份	公交数量 （I）（辆）	运行区域
欧Ⅲ-第二期	2003	8	2020	270	九龙
欧Ⅲ-第三期	2005	6	2022	199	九龙
欧Ⅲ-第四期	2006	5	2023	333	九龙
欧Ⅲ-第五期	2008	3	2025	86	九龙
前欧盟-第一期	1994	17	2011	49	新界
欧Ⅰ-第一期	1994	17	2011	100	新界
欧Ⅰ-第二期	1995	16	2012	30	新界
欧Ⅰ-第三期	1996	15	2013	142	新界
欧Ⅰ-第四期	1997	14	2014	1010	新界
欧Ⅱ-第一期	1996	15	2013	22	新界
欧Ⅱ-第二期	1998	13	2015	698	新界
欧Ⅱ-第三期	1999	12	2016	234	新界
欧Ⅲ-第一期	2002	9	2019	357	新界
欧Ⅲ-第二期	2003	8	2020	119	新界

备注：欧Ⅰ-第一期已于 2009 年退休。

根据公司年鉴，一辆新的欧Ⅳ公交的成本约为 3500000 港元（约 448700 美元）（Citybus and New World First Bus，2007）[2]。利率方面，我们使用香港银行从 2008 年开始港元最优惠贷款利率计算，即 5%；2010 年香港运输业的通胀率为 2.02%（香港政府统计处，2011）[3]。

---

① 香港巴士资源中心：《九龙巴士（一九三三年）有限公司卷》，http://hkbric.hkbdc.info/bic/ic-intro.kmb.htm。香港运输署：《2010 年交通文摘》，https://www.td.gov.hk/mini_site/atd/2010/index.htm。

② Citybus and New World First Bus：Citybus and NWFB announce a HK＄150 Million Blue Sky Plan bringing entire emissions to Euro IV standard or above by 2012，http://www.nwstbus.com.hk/en/uploadedPressRelease/2662_30082007_Citybus%20and%20NWFB%20Announce%20a%20HK$150%20Million%20Blue%20Sky%20Plan.pdf。

③ 香港政府统计处：《2011 年居民消费价格指数年报》，http://www.statistics.gov.hk/pub/B10600022011AN11B0100.pdf。

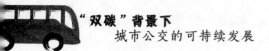

使用的参数值包括：

运行区域：$a_1 = \text{KWL}$，$a_2 = \text{NT}$

平均行驶距离：$d_{a_1} = d_{a_2} = 87908.47\text{km}$

平均行驶速度：$v_{a_1} = 23\text{km/h}$，$v_{a_2} = 43\text{km/h}$

计划区间：$\underline{Y} = 2010$，$\overline{Y} = 2025$，$L = 17$

折旧率：$\alpha = 1 - \sqrt[L]{\dfrac{R}{P_i}} = 1 - \sqrt[17]{0.05} = 16.2\%$

利率和通胀率：$\gamma = 5\%$，$\beta = 2.02\%$

公交采购成本：$P_{\text{欧IV}} = 448700$ 美元，$P_{\text{欧III}} = 403830$ 美元，$P_{\text{欧II}} = 394856$ 美元，$P_{\text{欧I}} = 381395$ 美元，$P_{\text{前欧盟}} = 358960$ 美元

（二）运营和改装成本

根据"修理限度"的概念，我们粗略估算了各车型不同车龄的运营成本，即运营成本、维修成本、燃料成本等。如果某一年的运营成本超过了公交的预期值，则应对该公交进行换新。我们假设一辆17年（公交标准寿命）的欧IV型公交的运营成本等于其残值。换句话说，运营成本必大于在这之后的残值，因此该公交应该退休。此外，我们假设运营成本随着公交的老化而每年增加5%。同样，从最新的排放标准车型到最老的排放标准车型，需向运营成本中增加5%的额外成本，如图3-1所示。当然，如果有更准确的公交运营成本，我们可以使用该确切数字进行分析。

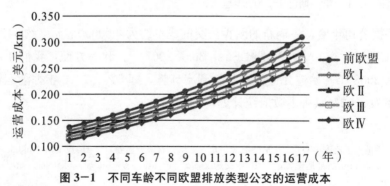

图3-1　不同车龄不同欧盟排放类型公交的运营成本

香港共有三种减排装置。

柴油机氧化催化器——改装前欧盟和欧I型专营公交可减少约30%的颗粒物排放量和约50%的碳氢化合物和一氧化碳排放量。

柴油机颗粒过滤器——改装欧II和欧III型公交可以减少约85%的颗粒物、

碳氢化合物和一氧化碳的排放。

选择性催化还原法——改装欧Ⅱ、欧Ⅲ型公交可减少约 60% 的氮氧化物排放。

柴油机氧化催化器、柴油机颗粒过滤器和选择性催化还原法的改装成本分别为 3226 美元、7742 美元和 32258 美元，包括维护成本（香港立法会，2011）。在这里，我们划分了五种改装和非改装状态：0 表示未改装，1 为柴油机氧化催化器，2 为柴油机颗粒过滤器，3 为选择性催化还原法，4 为柴油机颗粒过滤器＋选择性催化还原法。因此，我们得出以下数据：

$$R_{01}=3226 \text{ 美元}，R_{02}=7742 \text{ 美元}，R_{03}=32258 \text{ 美元}，$$
$$R_{04}=40000 \text{ 美元}；R_{24}=32258 \text{ 美元}$$

（三）车辆排放和外部成本

世界各地都有限制重型车辆排放的法规。欧盟排放标准是最常用的标准之一，其次是美国联邦排放标准和日本排放标准。为估算完全配备了符合欧标柴油引擎的香港专营公交的车辆排放量，我们采用建模工具 COPERT Ⅳ，它是 COPERT Ⅲ 的增强版本。COPERT Ⅲ 是欧洲最常用的排放计算方法之一（Mensink 等，2000）。在《EMEP/EEA 空气污染物排放清单指南（2009）》的道路运输章节，就采用了 COPERT Ⅳ 作为排放量计算的"详细方法"。

表 3-2 以 23km/h 和 43km/h 速度行驶的公交每公里排放量（g/km）

以 23km/h 的速度在九龙地区运行					
等级	NO_x	$PM_{2.5}$	CO_2	SO_2	CO	VOC
前欧盟	25.096	1.337	1658.435	0.011	8.751	2.339
欧Ⅰ	15.498	0.697	1471.878	0.009	4.412	1.016
欧Ⅱ	15.783	0.366	1440.418	0.009	4.234	0.661
欧Ⅲ	13.825	0.278	1478.947	0.009	4.291	0.571
欧Ⅳ	8.399	0.060	1396.801	0.009	0.361	0.030
以 43km/h 的速度在新界地区运行					
等级	NO_x	$PM_{2.5}$	CO_2	SO_2	CO	VOC
前欧盟	18.273	0.776	1164.428	0.007	5.128	1.272
欧Ⅰ	11.071	0.447	1034.502	0.007	2.600	0.610

续表

以 43km/h 的速度在新界地区运行					
等级	NO_x	$PM_{2.5}$	CO_2	SO_2	CO	VOC
欧Ⅱ	11.273	0.232	1033.736	0.007	2.225	0.393
欧Ⅲ	9.238	0.174	1057.973	0.007	2.302	0.338
欧Ⅳ	5.779	0.030	989.466	0.006	0.168	0.017

　　根据本研究采用的指南，由于超过 90% 的专营公交是双层公交（香港运输署，2009）[1]，我们以铰接式城市公交类别来近似计算香港的专营公交，其重量大于 18 吨，100% 装载，且在平坦的道路上行驶。这类公交的排放因子及相应参数见附录一。应用附录一中的这些参数，我们得到表 3-2 中九龙巴士有限公司专营公交的排放因子。

　　在进行效益成本分析时，必须将与废气排放相关的外部成本转换为货币形式。Romilly（1999）总结说，可以通过追踪排放源与其对人类健康和气候变化影响之间的联系来对其进行估算，然后为这些影响赋予价值。或者，这些影响可以通过诸如享乐定价法之类的技术来加以估算，其中排放成本是从市场奉行的价格（如从现有欧盟碳市场或者政策制定者显示的偏好）中推断出来的，符合排放标准的成本是该推断的基础。欧洲共同体（European Community，EC）发布的手册由几家交通研究机构联合编写，总结了外部成本估值的最新进展[2]。该手册包含了对运输部门外部成本的估算，但在不同的国家和时间范围内有很大的差异。

　　为保持一致性，本章采用了英国在 2010 年采用的外部成本，因为就交通规划而言，香港在某种程度上遵循英国系统，车型分类也与其相似。使用的外部成本由 NO_x、$PM_{2.5}$、SO_2、CO、VOC 的"空气污染成本"和 CO_2 的"气候变化成本"组成。计算空气污染成本是为了考虑健康成本、建筑和材料损坏、农业作物损失和对生物圈的影响，以及污染物排放对生物多样性和生态系统的影响。CO_2 的气候变化成本是根据回避成本来计算的，回避成本是实现《京都协定》减排目标所需的成本。这些外部成本如表 3-3 所示，NO_x、

---

　　① 香港运输署：《交通运输月报 2009-12 月》，https://www.td.gov.hk/filemanager/en/content_2045/0912.pdf.

　　② European Community（EC）：Handbook on estimation of external costs in the transport sector, https://transport.ec.europa.eu/system/files/2016-09/2008_costs_handbook.pdf.

$PM_{2.5}$、SO_2 和 VOC 的数据来自欧洲共同体发布的手册（2008）[①]，而 CO 的数据则来自 Matthews 等（2001）。

表 3-3　车辆相关排放的外部成本（英国）

排放物	NO_x	$PM_{2.5}$	CO_2	SO_2	CO	VOC
外部成本	3.61	360.49	0.02	6.11	0.52	1.02

三、结果分析

由于排放标准和运营成本不同，不同类型的公交基于剩余寿命额外收益成本分析方法具有不同的净收益曲线。因此，通过参考不同公交类型的净收益曲线，可以描绘出在没有预算约束的情况下最有利的管理方案。对于一般情况，考虑到所有公交类型在第一年都是新的，那么其早期更换的净收益曲线可以绘制为如图 3-2 所示。

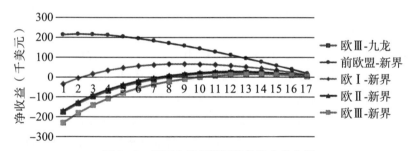

图 3-2　不同车龄早期更换的净收益曲线

通过净收益曲线，我们可以找出更换特定类型公交的最佳时间。以在新界（欧Ⅰ-新界曲线）运行的欧Ⅰ型公交为例，它在 9 年车龄时达到最高净收益。这意味着提早更换欧Ⅰ公交的最佳时间是 9 年车龄。对于在新界（前欧盟-新界曲线）运行的前欧盟公交，最好的时间是在 2 年车龄时更换它们，或者可能根本就不该对其进行使用。纵观公交类型，趋势似乎是排放标准更新的公交有益寿命更长。对于净收益为负的公交类型，则不应提前更换。

此外，我们还可以使用同一剩余寿命额外收益成本分析方法来构建改装净收益曲线。为了说明这一点，我们绘制了欧Ⅰ型公交的不同改装选择所带来的

---

① European Community（EC）：Handbook on estimation of external costs in the transport sector, https://transport.ec.europa.eu/system/files/2016-09/2008 _ costs _ handbook.pdf.

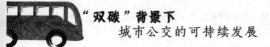

净收益曲线,如图3-3所示。结果表明,最优的方式是在一开始为将其改装柴油机氧化催化器。随着时间的推移,当其车龄满5年时,最优方案是将其尽早更换为最新排放标准的公交。

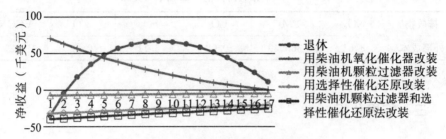

图3-3　欧Ⅰ型公交管理的净收益曲线

　　通过为所有公交类型绘制净收益曲线,并如上所述对各类型进行单独考量,我们可以直观地为当前公交车队提出最佳公交车队管理方案。当然,这个简单程序的前提是假设更换或改装公交没有预算限制,并且只考虑公交的净收益。具体来说,结合早期更换和改装的各种选择,并以确切年份为 x 轴,让我们来看看图3-4中另外两个案例——新界 $B_{2003}^{Euro\,III}$ 和九龙 $B_{1997}^{Euro\,I}$ 的测算结果,以对该方法进行说明。

　　每条曲线在图3-4(a)和图3-4(b)中代表一种管理选择。我们只需要考虑具有正净收益的选项。对 $B_{2003}^{Euro\,III}$ 而言,最优计划是在其标准使用寿命内,于2010年用柴油机颗粒过滤器对其进行改装,然后在2020年将其退休;而对于 $B_{1997}^{Euro\,I}$,最优计划是在其服役13年后,于2010年退休。

　　同样,考虑到九龙巴士有限公司的所有其他类型的公交,我们可以找出在不同管理选项中运行在不同区域的每种公交类型的最大净收益。因此,通过参考研究得出的净收益曲线并结合不同公交车型的测算结果,可以推导出对社会最优的公交车队管理方案。我们可以这样做是因为在此分析没有预算限制的情况下,公交类型没有相互影响。类似地,我们可以通过参考附加成本曲线,在不考虑减排收益的情况下,来推导出对公司最优的公交车队管理方案。然而,在预算有限的情况下,我们需要考虑哪些公交类型和哪些管理方案具有更高的净收益,从而给予其更高的实施优先级。为此,我们需要使用本章第二节第二部分和第三部分中提出的模型来实现对不同运营商最有利的公交车队管理策略,下一节将对此进行讨论。

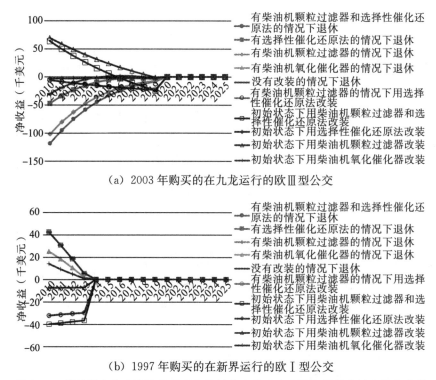

（a）2003 年购买的在九龙运行的欧Ⅲ型公交

（b）1997 年购买的在新界运行的欧Ⅰ型公交

图3-4 基于剩余寿命额外收益成本的某些九龙巴士有限公司公交的净收益曲线

四、情景分析

（一）没有预算限制的情景

在这种政府没有预算约束的情况下，可对式（3.1）～式（3.16）进行求解，同时去除预算约束式（3.14）、式（3.15），从而实现净收益最大化策略。请注意，通过参考本章第三节第三部分中为当前公交车队提出的净收益曲线，可以获得相同的结果。另外，公司在没有预算约束的情况下最小化额外成本的策略是通过求解式（3.3）～式（3.17），并将决策变量更改为 $N\,c_{B_y^i,o,Y_c}^{a_i}$ 和 $R\,c_{B_y^i,ok,Y_c}^{a_i}$ 来得以实现的。两个方案的结果如表3-4所示。

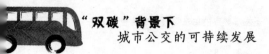
表3-4　无预算限制的社会最优公交车队管理方案（括号内为公司最优公交车队管理方案）（辆）

类别	九龙				新界									
	欧III				前欧盟	欧I				欧II			欧III	
	2003	2005	2006	2008	1994	1994	1995	1996	1997	1996	1998	1999	2002	2003
2010	0	0	0	0	49(0)	100(0)	30(0)	142(0)	1010(0)	0	0	0	0	0
2011	0	0	0	0	0(49)	0(100)	0	0	0	0	0	0	0	0
2012	0	0	0	0	0	0	0(30)	0	0	0	0	0	0	0
2013	0	0	0	0	0	0	0	0(142)	0	22(22)	0	0	0	0
2014	0	0	0	0	0	0	0	0	0(1010)	0	0	0	0	0
2015	0	0	0	0	0	0	0	0	0	0	698(698)	0	0	0
2016	0	0	0	0	0	0	0	0	0	0	0	234(234)	0	0
2017	0	0	0	0	0	0	0	0	0	0	0	0	0	0
2018	0	0	0	0	0	0	0	0	0	0	0	0	0	0
2019	0	0	0	0	0	0	0	0	0	0	0	0	357(357)	0
2020	270(270)	0	0	0	0	0	0	0	0	0	0	0	0	119(119)
2021	0	0	0	0	0	0	0	0	0	0	0	0	0	0

公交更换计划

续表

类别	九龙				前欧盟	新界								
	欧III					欧I					欧II		欧III	
	2003	2005	2006	2008	1994	1994	1995	1996	1997	1996	1998	1999	2002	2003
2022	0	199(199)	0	0	0	0	0	0	0	0	0	0	0	0
2023	0	0	333(333)	0	0	0	0	0	0	0	0	0	0	0
2024	0	0	0	0	0	0	0	0	0	0	0	0	0	0
2025	0	0	0	86(86)	0	0	0	0	0	0	0	0	0	0
2010年巴士改装计划（基准年）														
R_{01}	0	0	0	0	0	0	0	0	0	0	0	0	0	0
R_{02}	270	199	0	0	0	0	0	0	0	22	698	234	357	119
R_{03}	0	0	0	0	0	0	0	0	0	0	0	0	0	0
R_{04}	0	0	333	86	0	0	0	0	0	0	0	0	0	0
R_{24}	0	0	0	0	0	0	0	0	0	0	0	0	0	0

注：0代表无须更换巴士，下文同。

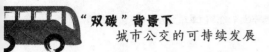

从表3-4中可以看出，九龙巴士有限公司的公司最优公交车队管理方案是在17年的更换计划上不做任何改变。首先，对出台的社会最优公交车队管理方案而言，因为其要求所有欧Ⅰ型和更早的公交立即退休，所以旧型公交倾向于尽早退休。其次，因为所有欧Ⅱ型及其以后的公交都在基准年进行了改装，所以新型公交往往会倾向于尽早进行改装。再次，所有改装公交将按正常退休年龄退休。与"无作为"的计划相比，这种最优管理方案可以获得2.21亿美元的净收益，而额外支出为7500万美元。

虽然社会最优公交车队管理方案从减排中产生了可观的收益，但对于追求盈利的公交运营商来说意义不大。因此，为了社会效益，政府需要对公交公司的减排措施给予奖励。直观地说，需要提供7500万美元的资金来支付公司的额外费用。但是，通过将额外补贴另外增加1美元并求解式（3.19）和式（3.20），公交公司会在获得5300万美元的补贴后为自己重新制订与社会最优公交车队管理方案完全相同的公司最优公交车队管理方案。因此，通过向九龙巴士有限公司提供5300万美元的补贴，将为社会带来2.21亿美元的净收益，为政府带来2200万美元或约30%的费用节省。

（二）有预算限制的情景

实际上，公交运营商在短时间内更换大部分车辆可能不现实或不可行。因此，应添加如式（3.14）和式（3.15）的预算约束，以反映可负担性的问题。

由于每辆公交将在其17年的标准使用寿命结束时自然更换，因此即使没有提前更换或改装，也需要为此制定预算。早期更换和改装将增加此基本预算，而基本预算是正常费用的下限。我们从这个基本预算开始研究实施不同总体预算和年度预算对最优公交车队管理方案的影响。由此产生的净收益和预算约束如图3-5所示。对于总体预算，我们设定的范围从13.3亿美元到14.1亿美元不等，并对式（3.1）~式（3.16）进行重复求解。可以看出，由于总体预算的存在，净收益发生了很大变化。通常情况下，正如预期的那样，较高的总体预算会产生较高的净收益，但如果取消预算约束，则会受到上限的限制。图3-5表明当总体预算达到14亿美元时，净收益并没有进一步实质性增长。年度预算约束对净收益的影响基本相同。一般来说，它的曲线比较平坦，这是因为它对净收益的影响不像整体预算对净收益的影响那么大。当年度预算达到6.05亿美元时，净收益没有进一步的实质性增长。原因是在最优替代方案中，最大的单年支出发生在2010年，达到了6.05亿美元。因此，6.05亿美元或以上的年度预算约束不是紧约束，或者对最优解决方案完全没有影响。

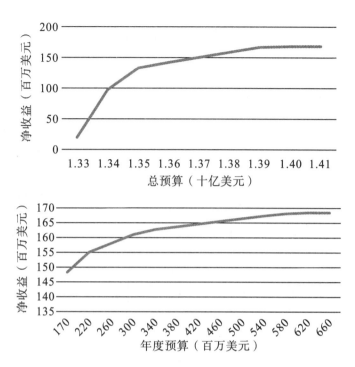

图 3-5　不同预算限制下的净收益分配

我们选择了有两个预算约束的案例，其中总体预算为 13.5 亿美元，年度预算为 5 亿美元，由此产生了社会最优公交车队管理方案。结果如表 3-5 所示，由于通胀率相同，九龙巴士有限公司保持了同一方案不变。可以看出，与表 3-4 所示没有预算约束的情况相比，随着时间的推移，预算约束的引入使公交的更换变得分散并使改装设备得到了更换。然而，值得一提的是，净收益也从 1.68 亿美元（表 3-4）大幅减少至 1.24 亿美元（表 3-5）。此外，因为总体预算（13.5 亿美元）的净收益总额为 1.33 亿美元，年度预算（5 亿美元）的净收益总额为 1.66 亿美元，所以有两个预算约束的净收益也只能小于只有单一预算约束的情况，即 1.24 亿美元。

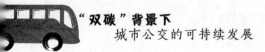
表3-5 预算限制下最大净收益公交车队管理方案（13.5亿美元的总预算和5亿美元的年度预算）（辆）

类别	九龙				新界									
	欧III				前欧盟		欧I			欧II			欧III	
	2003	2005	2006	2008	1994	1994	1995	1996	1997	1996	1998	1999	2002	2003
2010	0	0	0	0	49	100	30	142	1010	22	698	234	0	0
2011	0	0	0	0	0	0	0	0	0	0	0	0	0	0
2012	270	0	0	0	0	0	0	0	0	0	0	0	357	119
2013	0	199	0	0	0	0	0	0	0	0	0	0	0	0
2014	0	0	333	0	0	0	0	0	0	0	0	0	0	0
2015	0	0	0	0	0	0	0	0	0	0	0	0	0	0
2016	0	0	0	86	0	0	0	0	0	0	0	0	0	0
2010年巴士改装计划（基准年）														
R_{01}	0	0	0	0	0	0	0	0	0	0	0	0	0	0
R_{02}	270	199	333	86	0	0	0	0	0	0	0	0	357	119
R_{03}	0	0	0	0	0	0	0	0	0	0	0	0	0	0
R_{04}	0	0	0	0	0	0	0	0	0	0	0	0	0	0
R_{24}	0	0	0	0	0	0	0	0	0	0	0	0	0	0

五、敏感性分析

在本研究中，我们发现式（3.3）中第二项，即 $\left[\dfrac{(1+\beta)^{(Y_c - Y)}}{(1+\gamma)^{(Y_c - Y)}} - \dfrac{(1+\beta)^{(Y^i + L - Y)}}{(1+\gamma)^{(Y^i + L - Y)}}\right] P_n$，对净收益有很大影响，因此对提前退休计划也有很大影响。因为随着时间的推移，利率 γ 保持稳定，我们对一系列通胀率 β 进行了敏感性分析。

结果表明，当通胀率较小时，正如技术发展中经常出现的情况那样——虽然技术改进了，但价格随着时间的推移保持相对不变，有利的管理方案将倾向于推迟更换新公交，推迟退休计划。随着通胀率的上升，有利的管理方案将倾向于在更短的时间内更换新型公交，因为如果一年后再购买新型号，其购买成本会增大。对于九龙巴士有限公司而言，最优解决方案从通胀率为 4％时开始发生变化。当通胀率达到 13％时，九龙巴士有限公司制定的最优公交车队管理方案将在基准年更换所有公交，而当通胀率略低于 13％时，政府制定的最佳公交车队管理方案也会出现同样的结果。

我们选择了两个案例来说明不同通胀率对最优方案的影响，即分别为 0％和 7％。其结果如表 3-6 和表 3-7 所示。

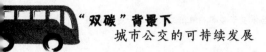

表3-6 0%通胀率下无预算约束的社会最优公交车队管理方案(括号内为公司最优公交车队管理方案)(辆)

类别	九龙						新界							
	欧III				前欧盟		欧I			欧II			欧III	
	2003	2005	2006	2008	1994	1994	1995	1996	1997	1996	1998	1999	2002	2003
2010	0	0	0	0	49(0)	0	0	0	0	0	0	0	0	0
2011	0	0	0	0	0(49)	100(100)	0	0	0	0	0	0	0	0
2012	0	0	0	0	0	0	30(30)	0	0	0	0	0	0	0
2013	0	0	0	0	0	0	0	142(142)	0	22(22)	0	0	0	0
2014	0	0	0	0	0	0	0	0	1010(1010)	0	0	0	0	0
2015	0	0	0	0	0	0	0	0	0	0	698(698)	0	0	0
2016	0	0	0	0	0	0	0	0	0	0	0	234(234)	0	0
2017	0	0	0	0	0	0	0	0	0	0	0	0	0	0
2018	0	0	0	0	0	0	0	0	0	0	0	0	0	0
2019	0	0	0	0	0	0	0	0	0	0	0	0	357(357)	0
2020	270(270)	0	0	0	0	0	0	0	0	0	0	0	0	119(119)
2021	0	0	0	0	0	0	0	0	0	0	0	0	0	0
2022	0	199(199)	0	0	0	0	0	0	0	0	0	0	0	0

续表

类别	九龙					新界								
	欧Ⅲ				前欧盟	欧Ⅰ				欧Ⅱ			欧Ⅲ	
	2003	2005	2006	2008	1994	1994	1995	1996	1997	1996	1998	1999	2002	2003
2023	0	0	333(333)	0	0	0	0	0	0	0	0	0	0	0
2024	0	0	0	0	0	0	0	0	0	0	0	0	0	0
2025	0	0	0	86(86)	0	0	0	0	0	0	0	0	0	0
2010年公交改装计划(基准年)														
R_{01}	0	0	0	0	0	100	30	142	1010	0	0	0	0	0
R_{02}	270	199	0	0	0	0	0	0	0	22	698	234	357	119
R_{03}	0	0	0	0	0	0	0	0	0	0	0	0	0	0
R_{04}	0	0	333	86	0	0	0	0	0	0	0	0	0	0
R_{24}	0	0	0	0	0	0	0	0	0	0	0	0	0	0

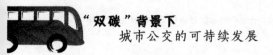
表3-7　7%通胀率下无预算限制的社会最优公交车队管理方案(括号内为公司最优公交车队管理方案)(辆)

类别	九龙					新界								
	欧III				前欧标	欧I				欧II			欧III	
	2003	2005	2006	2008	1994	1994	1995	1996	1997	1996	1998	1999	2002	2003
2010	270(0)	0	0	0	49(49)	100(100)	30(30)	142(142)	1010(1010)	22(22)	698(698)	234(234)	357(357)	119(0)
2011	0(270)	0	0	0	0	0	0	0	0	0	0	0	0	0(119)
2012	0	199(0)	0	0	0	0	0	0	0	0	0	0	0	0
2013	0	0(199)	333(0)	0	0	0	0	0	0	0	0	0	0	0
2014	0	0	0(333)	0	0	0	0	0	0	0	0	0	0	0
2015	0	0	0	86(86)	0	0	0	0	0	0	0	0	0	0
2010年公交改装计划(基准年)														
R_{02}	0	199	333	86	0	0	0	0	0	0	0	0	0	0

从表3-6可以看出，如果0%通胀率时执行公交车队管理方案，在政府补贴3600万美元的情况下可以获得1.71亿美元的净收益。当通胀率变为7%时，在获补贴600万美元的情况下，通过实施公交车队管理方案，可为社会带来2.35亿美元的净效益。值得注意的是，通货膨胀率越高，总收益越大。

本章小结

第三章提出了一种称为剩余寿命额外收益成本分析的方法，以确定公交车队管理策略。在没有预算约束的情况下，可以通过简单地使用为各个公交类型提出的净收益图来推导出最优公交车队管理方案。在预算受到约束的情况下，我们提出了基于剩余寿命额外收益成本的整数线性规划来优化公交车队管理方案。为了使问题更加贴近现实，我们采取了两个办法：将与减排相关的外部成本节省视为额外收益；将公交名义退休之前更换和改装公交的额外费用视为一项额外费用，同时将利率和通货膨胀率纳入考量。

本研究为优化公交车队管理提供了两个视角（包括私营公交公司的盈利能力，以及减排的整体社会效益），并确定了为实施社会最优公交车队管理方案所需的补贴水平。为实现这一目标，本研究提出了两种方案和一项计划，以更加广阔的视角分析了最优公交车队管理所带来的影响：两种公交车队管理方案，一种使净收益最大化，另一种使总附加成本最小化；一项政府补贴计划，以鼓励私营公司实施对社会有益的公交车队管理方案。

本研究所提出的公式可以产生有效且有益的复杂管理方案。令人感到惊讶的结果是，总收益的数量级可能相当可观。就九龙巴士有限公司而言，可实现3倍的回报。而且即使是简单的提前退休方案也会产生可观的收益，这取决于通货膨胀率的大小，通胀率对退休方案有很大影响——通胀率越高，总收益越大。

本研究提出的公式是通用的，它不仅适用于香港，也适用于其他车辆更换策略，如其他地方的卡车或私家车。总体而言，它的制定是为了迎合未来车辆技术发展和车队更换。

第四章　基于发车频率的混合车型公交车队发展策略

第一节　引言

  本章通过在新替代公交的生命周期内将公交的提前退休、购买和路线所带来的净收益最大化，扩展剩余寿命额外收益成本分析方法，来探索基于发车频率的混合车型公交车队管理问题，我们将其称为新生命附加效益成本分析方法。我们同时确定了最佳车队规模、组成和路线。考虑了四种类型的公交：电动公交、压缩天然气公交、混合柴油公交（Hybrid）和柴油公交，囊括了它们的各种成本，即运营、排放、转售和购买成本。

  由于方案中电动公交的路线选择受到范围限制，因此在构思过程中合理地加入和优化公交路线是确保整体效益的关键步骤。在本章中，我们引入了公交路线的优化，以研究多条路线之间公交服务的协作性。为了解决电动公交的充电问题，我们提出了一种多周期路径规划方法（稍后将对此作出解释），但代价是增加了计算复杂度。基于此，我们提出了一个两步求解程序，以提高所得整数线性规划的计算效率。为了对该模型加以说明，我们将其应用于香港的一组公交线路集。本章第二节介绍方法，第三节将方法论应用于一组香港公交线路集，第四节为本章小结。

第二节　混合车型公交车队规划模型

一、新生命附加效益成本分析

（一）概述

遵循剩余寿命额外收益成本分析的方法（Li 等，2015），我们在本研究中提出了新生命附加效益成本分析方法。剩余寿命额外收益成本分析方法计算了当前公交剩余寿命的额外收益成本，而附加效益成本分析方法则考虑的是新替代公交的整体寿命，如图 4-1 所示。只有当新替代公交的额外收益大于其额外成本时，提早替换公交才是合理的；否则，应在当前公交标准使用寿命结束时进行替换。当我们考虑混合车型公交车队内公交更换问题时，如果只考虑现有公交的剩余寿命，则采购价格较高的新公交（例如电动公交）并不是有利的做法，因为仅仅捕捉当前公交剩余寿命内的节约效益可能低估了新公交整个生命周期内的总效益。因此，我们应考虑新替代公交的整体寿命，而不仅仅是与当前公交的剩余寿命相关的最初几年。请注意，如果在公交车队中只考虑一种公交类型，则剩余寿命额外收益成本分析方法是新生命附加效益成本分析方法的特例。注意此方法并不考虑默认替换公交生命周期的最后几年。如果我们考虑这个周期来延长计划区间，将会产生新替代公交和默认替代公交之间减排的额外收益，这可能会导致替代进程的加速。

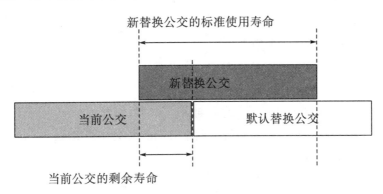

图 4-1　公交寿命之间的关系

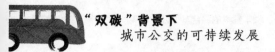
与剩余寿命额外收益成本分析方法类似，附加效益成本分析方法的额外收益被定义为在新替代公交的标准使用寿命内，减少排放所带来的外部成本节约。同样，额外成本由以下部分组成：①不同类型公交在新替代公交生命周期内的与减排相关的额外运营成本；②因提前退役当前公交而丧失的剩余价值部分；③提前购买新替换公交以代替默认替换公交的价格差。此外，由于路径规划问题是之前处理的基于发车频率的混合车型公交车队管理问题中的一个主要问题，于是我们将路径规划问题整合到公式中，允许公交在多条路线上行驶，而不是像剩余寿命额外收益成本分析方法那样使用公交的平均行驶距离。

（二）假设

为简单起见，我们做出以下假设：

（1）在默认方案中，所有公交在其标准退休车龄（香港为 17 年）时将被替换为符合欧Ⅴ排放标准的柴油公交，并在单一路线上服务。

（2）路线由两个终点站之间的双向公交线路组成，公交必须在完成服务行程后才能在终点站更改路线。值得注意的是，通过设置两个距离为零的终点站，所提出的模型也适用于环形线。

（3）出行需求在计划区间内保持不变，出行时间是出行距离的函数，不考虑拥堵。

（4）这里采用的是基于发车频率的方法。

（5）忽略车辆运行和排放中的老化效应，即运行成本（包括维护成本和行驶成本），并且排放率随时间保持不变。

（三）符号

（1）集合。

D——终点站集。

I——初始车队公交类型集。

I'——可能购买的新公交类型集。

O——始发站集。

P——多周期路径规划方法的周期集。

R——公交路线集。一条路线由两个方向的公交线路组成。

S——公交线路集。

T——公交总站集。

（2）输入参数。

$B_{in,i',Y}$——i 型旧公交n^{th} 在当前年份 Y 被 i' 型新公交取代的额外收益（美元）。下标 n 是车队中每辆公交的指数。

$B_{i'n,Y}$——在当前年份 Y 另行引进的 i' 型新公交n^{th} 的额外收益（美元）。

$C_{in,i',Y}$——i 型旧公交n^{th} 在当前年份 Y 被 i' 型新公交取代的额外成本（美元）。

$C_{i'n,Y}$——在当前年份 Y 另行引进 i' 型新公交n^{th} 的额外成本（美元）。

C_i^{jk}——i 型公交从 j 到 k 单位行驶距离的运营成本（美元/km）。

E_i^{jk}——i 型公交从 j 到 k 每单位行驶距离的车辆排放外部成本（美元/km）。

F_i——i 型公交的车队规模。

H_i——排放标准类型为 i 的公交购买年份。

h^{jk}——从 j 到 k 公交线路的车头时距（min）。

i''——在默认方案中替换当前公交的默认车型。

L_i——i 型公交寿命（年），与默认方案中公交的标准退休年份相同。

l^{jk}——从 j 到 k 的行驶距离（km）。

m——消除子路线中讨论的路线数量。

M——总预算（美元）。

M_Y——年度预算（美元）。

P_i——一辆符合排放标准 i 的公交的购买成本（美元）。

$P_{i'}$——i' 型公交的购买成本（美元）。

t^{jk}——从 j 到 k 的行驶时间（min）。

U——极大的正数。

x_{in}^{jk}——分配给 i 型旧公交n^{th} 从 j 到 k 的每日行驶次数。

Y——当前年份指数。

$\underline{Y}$——计划区间的开始年份（基准年）。

$\overline{Y}$——计划区间的最后一年，即最后一辆新的替代公交到达预期退休年份的时间。

Ψ_i——i 型公交计划每天运行的最大时间（min）。

$\Phi_{i'}$——加满油的 i' 型公交可以运行的最大距离（km）。

E——默认方案中需要更换当前车队最后一辆公交的年份。

α——折旧率。

β——通货膨胀率。

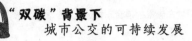

$\delta_{i'}$——容量全满时 i' 型公交的充能时间（min）。

γ——利率。

ρ——多周期路径规划方案的周期。

（3）决策变量

$u_{in,i',Y}^{jk}$——i' 型新公交在当前年份 Y 从 j 到 k 的每日行驶次数，其取代了 i 型旧公交 n^{th}（单周期路径规划方案）。

$u_{in,i',Y}^{\rho,jk}$——i' 型新公交在当前年份 Y 的 ρ 期间从 j 到 k 的每日行驶次数，其取代了 i 型旧公交 n^{th}（多周期路径规划方案）。

$w_{i'n,Y}^{jk}$——在当前年份 Y 另行引进的 i' 型新公交 n^{th} 从 j 到 k 的每日行驶次数（单周期路径规划方案）。

$w_{i'n,Y}^{\rho,jk}$——另行引进的 i' 型新公交 n^{th} 在当前年份 Y 的 ρ 期间从 j 到 k 的每日行驶次（多周期路径规划方案）。

$N_{in,i',Y}$——如果在当前年份 Y，i 型旧公交 n^{th} 被 i' 型新公交取代，取值 1；否则为 0。

$N_{i'n,Y}$——如果在当前年份 Y，另行引进了 i' 型新公交 n^{th}，取值 1；否则为 0。

（四）公式

我们首先定义与提前退休、另行购买公交和车辆路线相关的额外收益和成本，这些在本研究中至关重要。

$$B_{in,i',Y} = \sum_{Y}^{H_i+L_i-1} \frac{365 \sum\limits_{j,k} E_i^{jk} \, l^{jk} \, x_{in}^{jk}}{(1+\gamma)^{(Y-Y)}} + \sum_{H_i+L_i}^{Y+L_{i'}-1} \frac{365 \sum\limits_{j,k} E_i^{jk} \, l^{jk} \, x_{in}^{jk}}{(1+\gamma)^{(Y-Y)}} -$$
$$\sum_{Y}^{Y+L_{i'}-1} \frac{365 \sum\limits_{j,k} E_i^{jk} \, l^{jk} \, u_{in,i',Y}^{jk}}{(1+\gamma)^{(Y-Y)}},$$

$$\forall i \in I, n, i' \in I', Y \in [\underline{Y}, \bar{Y}], j \in O \cup T, k \in T \qquad (4.1)$$

$$B_{i'n,Y} = - \sum_{Y}^{Y+L_{i'}-1} \frac{365 \sum\limits_{j,k} E_i^{jk} \, l^{jk} \, w_{i'n,Y}^{jk}}{(1+\gamma)^{(Y-Y)}},$$

$$\forall i' \in I', n, Y \in [\underline{Y}, \bar{Y}], j \in O \cup T, k \in T \qquad (4.2)$$

$$C_{in,i',Y} = \sum_{Y}^{Y+L_{i'}-1} \frac{365 \sum\limits_{j,k} C_i^{jk} \, l^{jk} \, u_{in,i',Y}^{jk}}{(1+\gamma)^{(Y-Y)}} - \Bigg[\sum_{Y}^{H_i+L_i-1} \frac{365 \sum\limits_{j,k} C_i^{jk} \, l^{jk} \, x_{in}^{jk}}{(1+\gamma)^{(Y-Y)}} +$$

$$\sum_{H_i+L_i}^{Y+L_{i'}-1} \frac{365 \sum_{j,k} C_i^{jk} l^{jk} x_{in}^{jk}}{(1+\gamma)^{(Y-\underline{Y})}}\Big] + \frac{P_i(1-\alpha)^{(Y-H_i)}}{2(1+\gamma)^{(Y-\underline{Y})}} + \frac{(1+\beta)^{(Y-\underline{Y})}}{(1+\gamma)^{(Y-\underline{Y})}}P_{i'} -$$

$$\frac{(1+\beta)^{(H_i+L_i-\underline{Y})}}{(1+\gamma)^{(H_i+L_i-\underline{Y})}}P_{i''},$$

$$\forall i \in I, n, i' \in I', i'', Y \in [\underline{Y}, \bar{Y}], j \in O \cup T, k \in T \qquad (4.3)$$

$$C_{i'n,Y} = \sum_{Y}^{Y+L_{i'}-1} \frac{365 \sum_{j,k} C_i^{jk} l^{jk} w_{i'n,Y}^{jk}}{(1+\gamma)^{(Y-\underline{Y})}} + \frac{(1+\beta)^{(Y-\underline{Y})}}{(1+\gamma)^{(Y-\underline{Y})}}P_{i'},$$

$$\forall i' \in I', n, Y \in [\underline{Y}, \bar{Y}], j \in O \cup T, k \in T \qquad (4.4)$$

$$\gamma \geqslant 0 \qquad (4.5)$$

式（4.1）通过估算在新替代公交的生命周期内减少排放所节省的外部成本，计算了 i 型旧公交 n^{th} 在当前年份 Y 被 i' 型新公交取代的额外收益。其第三项是在当前年份 Y 取代了 i 型旧公交 n^{th} 的 i' 型新公交的生命周期外部成本。其计算方法是将决策变量 $u_{in,i',Y}^{jk}$（取代了 i 型旧公交 n^{th} 的 i' 型新公交从 j 到 k 的每日行驶次数）乘以排放因子 E_i^{jk} 和节点之间的行驶距离 l^{jk}。为了便于比较，所有成本均折算至计划区间开始时或基准年 $\underline{Y}$，所有其他成本项也是如此。对应第三项的周期计算，前两项计算了由两部分组成的默认方案的外部成本。第一项是与给定 x_{in}^{jk}（即 i 型旧公交 n^{th} 从 j 到 k 的每日行驶次数）相关的 i 型旧公交 n^{th} 的剩余寿命外部成本。同样，第二项是根据标准使用寿命方案计算的，i'' 型新默认替换公交的外部成本。例如，A 公交计划于 2020 年退休，在默认方案中由 B 公交替代，我们在 2015 年提前将 A 公交替换为寿命为 17 年的 C 公交。前两项计算了 2015 年至 2019 年公交 A 的外部成本，以及 2020 年至 2031 年公交 B 的外部成本，其中最后一项计算了 2015 年至 2031 年公交 C 的外部成本。类似地，式（4.2）计算了与决策变量 $w_{i'n,Y}^{jk}$（即在年份 Y 另行引进的 i' 型新公交 n^{th} 从 j 到 k 的每日行驶次数）相关的于当前年份 Y 引进的 i' 型新公交的外部成本。如果需要，这种类型的公交可以新增到公交车队中以提高容量。

式（4.3）计算了 i 型旧公交 n^{th} 在当前年份被 i' 型新公交取代的额外成本。前三项通过用 C_i^{jk} 替换 E_i^{jk}，计算了额外运营成本，与式（4.1）类似。第四项估算了处置即将提前退休的 i 型旧公交 n^{th} 的残值损失，而后两项计算的是提前购买新替代公交的价格差。同样地，式（4.4）计算了在年份 Y 另行引进的 i' 型新公交的额外成本。

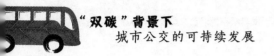

二、混合车型公交车队管理方案

在本节中，我们通过最大化计划区间内的净收益来制定最佳混合车型公交车队管理方案。通过用多种能源公交逐步取代目前的公交车，同时优化车队规模，与默认的 17 年退休方案相比，可以计算净收益，即实施新的基于发车频率的混合车型公交车队管理方案节省的费用。公式可以表示为：

$$\max_{\substack{u_{in,i',Y}^{jk},w_{i'n,Y}^{jk}, \\ N_{in,i',Y},N_{i'n,Y}}} z = \sum_{Y=\underline{Y}}^{\bar{Y}}\Big[\sum_{i\in I,i'\in I',n}(B_{in,i',Y}-C_{in,i',Y})N_{in,i',Y}+$$

$$\sum_{i'\in I',n}(B_{i'n,Y}-C_{i'n,Y})N_{i'n,Y}\Big] \qquad (4.6)$$

约束条件

$$\sum_{j\in OUT}u_{in,i',Y}^{jk}=\sum_{p\in T\cup D}u_{in,i',Y}^{kp},\ \forall i\in I,n,i'\in I',Y\in[\underline{Y},\bar{Y}],k\in T$$

$$(4.7)$$

$$\sum_{j\in OUT}w_{i'n,Y}^{jk}=\sum_{p\in T\cup D}w_{i'n,Y}^{kp},\ \forall i'\in I',n,Y\in[\underline{Y},\bar{Y}],k\in T \qquad (4.8)$$

$$\sum_{k\in T}u_{in,i',Y}^{ok}\geqslant\frac{1}{U}\sum_{(j,k)\in S}u_{in,i',Y}^{jk},\ \forall i\in I,n,i'\in I',Y\in[\underline{Y},\bar{Y}],o\in O$$

$$(4.9)$$

$$\sum_{k\in T}w_{i'n,Y}^{ok}\geqslant\frac{1}{U}\sum_{(j,k)\in S}w_{i'n,Y}^{jk},\ \forall i'\in I',n,Y\in[\underline{Y},\bar{Y}],o\in O \qquad (4.10)$$

$$\sum_{k\in T}u_{in,i',Y}^{ok}\leqslant1,\ \forall i\in I,n,i'\in I',Y\in[\underline{Y},\bar{Y}],o\in O \qquad (4.11)$$

$$\sum_{k\in T}w_{i'n,Y}^{ok}\leqslant1,\ \forall i'\in I',n,Y\in[\underline{Y},\bar{Y}],o\in O \qquad (4.12)$$

$$\sum_{Y=\underline{Y}}^{H_i+L_i}\sum_{i'\in I'}N_{in,i',Y}=1,\ \forall i\in I,n \qquad (4.13)$$

$$\sum_{Y=\underline{Y}}^{\bar{Y}}\sum_{n,i'\in I'}N_{in,i',Y}=F_i,\ \forall i\in I \qquad (4.14)$$

$$\sum_{\underline{Y}}^{Y}N_{in,i',Y}=\sum_k u_{in,i',Y}^{ok},\ \forall i\in I,i'\in I',n,Y\in[\underline{Y},E],o\in O$$

$$(4.15)$$

$$\sum_{\underline{Y}}^{Y}N_{i'n,Y}=\sum_k w_{i'n,Y}^{ok},\ \forall i'\in I',n,Y\in[\underline{Y},E],o\in O \qquad (4.16)$$

$$\sum_{Y_s=\underline{Y}}^{E} u_{in,i',E}^{jk} N_{in,i',Y_s} \leqslant u_{in,i',Y}^{jk}$$

$$\forall\, i \in I, i' \in I', n, j \in T, k \in T, Y \in [E+1, \underline{Y}+L_{i'}-1] \quad (4.17)$$

$$\sum_{Y_s=Y-L_{i'}+1}^{E} u_{in,i',E}^{jk} N_{in,i',Y_s} \leqslant u_{in,i',Y}^{jk}$$

$$\forall\, i \in I, i' \in I', n, j \in T, k \in T, Y \in [\underline{Y}+L_{i'}, E+L_{i'}-1] \quad (4.18)$$

$$\sum_{Y_k=\underline{Y}}^{E} w_{i'n,E}^{jk} N_{i'n,Y_k} \leqslant w_{i'n,Y}^{jk}$$

$$\forall\, i' \in I', n, j \in T, k \in T, Y \in [E+1, \underline{Y}+L_{i'}-1] \quad (4.19)$$

$$\sum_{Y_k=Y-L_{i'}+1}^{E} w_{i'n,E}^{jk} N_{i'n,Y_k} \leqslant w_{i'n,Y}^{jk}$$

$$\forall\, i' \in I', n, j \in T, k \in T, Y \in [\underline{Y}+L_{i'}, E+L_{i'}-1] \quad (4.20)$$

$$\sum_{j,k} t^{jk} u_{in,i',Y}^{jk} + \frac{\sum_{j,k} l^{jk} u_{in,i',Y}^{jk}}{0.8\,\Phi_{i'}} \delta_{i'} \leqslant \Psi_{i'}$$

$$\forall\, i \in I, n, i' \in I', Y \in [\underline{Y}, \bar{Y}], j \in O \cup T, k \in T \quad (4.21)$$

$$\sum_{j,k} t^{jk} w_{i'n,Y}^{jk} + \frac{\sum_{j,k} l^{jk} w_{i'n,Y}^{jk}}{0.8\,\Phi_{i'}} \delta_{i'} \leqslant \Psi_{i'}$$

$$\forall\, n, i' \in I', Y \in [\underline{Y}, \bar{Y}], j \in O \cup T, k \in T \quad (4.22)$$

$$\sum_{i \in I, n, i' \in I'} u_{in,i',Y}^{jk} + \sum_{i' \in I', n} w_{i'n,Y}^{jk} \geqslant \sum_{\underline{Y}}^{Y} \sum_{i \in I, i' \in I', n} x_{in}^{jk} N_{in,i',Y}$$

$$\forall\, Y \in [\underline{Y}, E], jk \in S \quad (4.23)$$

$$u_{in,i',Y}^{jk} + u_{in,i',Y}^{kj} \geqslant \sum_{p \in OUT | j} u_{in,i',Y}^{pk} + \sum_{p \in OUT | k} u_{in,i',Y}^{pj}$$

$$\forall\, i \in I, n, i' \in I', \forall Y \in [\underline{Y}, \bar{Y}], (j,k) \in R \quad (4.24)$$

$$w_{i'n,Y}^{jk} + w_{i'n,Y}^{kj} \geqslant \sum_{p \in OUT | j} w_{i'n,Y}^{pk} + \sum_{p \in OUT | k} w_{i'n,Y}^{pj}$$

$$\forall\, i' \in I', n, \forall Y \in [\underline{Y}, \bar{Y}], (j,k) \in R \quad (4.25)$$

$$\sum_{p \in T \cup D | k} u_{in,i',Y}^{jp} + \sum_{p \in T \cup D | j} u_{in,i',Y}^{kp} \geqslant \frac{1}{U}(u_{in,i',Y}^{jk} + u_{in,i',Y}^{kj})$$

$$\forall\, i \in I, n, i' \in I', (j,k) \in R, Y \in [\underline{Y}, \bar{Y}] \quad (4.26)$$

$$\sum_{p \in T \cup D | k} w_{i'n,Y}^{jp} + \sum_{p \in T \cup D | j} w_{i'n,Y}^{kp} \geqslant \frac{1}{U}(w_{i'n,Y}^{jk} + w_{i'n,Y}^{kj})$$

$$\forall\, i' \in I', n, (j,k) \in R, Y \in [\underline{Y}, \bar{Y}] \quad (4.27)$$

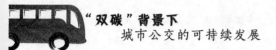

$$\sum_{a\in A,b\in R\cup D-Aj_a\in T,j_b\in T\cup D}\sum u_{in,i',Y}^{j_aj_b}\geqslant\frac{1}{U}\left(\sum_{a\neq b}^{a,b\in A}\sum_{j_a,j_b\in T}u_{in,i',Y}^{j_aj_b}-(m-1)\right)$$

$$\forall i\in I,n,i'\in I',Y\in[\underline{Y},\bar{Y}],A\in P_{\geqslant 2}(R) \qquad (4.28)$$

$$\sum_{a\in A,b\in R\cup D-Aj_a\in T,j_b\in T\cup D}\sum w_{i'n,Y}^{j_aj_b}\geqslant\frac{1}{U}\left(\sum_{a\neq b}^{a,b\in A}\sum_{j_a,j_b\in T}w_{i'n,Y}^{j_aj_b}-(m-1)\right)$$

$$\forall i'\in I',n,Y\in[\underline{Y},\bar{Y}],A\in P_{\geqslant 2}(R) \qquad (4.29)$$

$$\sum_{i\in I,i'\in I',n}\left\{\left[\frac{(1+\beta)^{(Y-\underline{Y})}}{(1+\gamma)^{(Y-\underline{Y})}}P_{i'}-\frac{P_i(1-\alpha)^{(Y-H_i)}}{2(1+\gamma)^{(Y-\underline{Y})}}\right]N_{in,i',Y}+\right.$$

$$\left.\frac{(1+\beta)^{(Y-\underline{Y})}}{(1+\gamma)^{(Y-\underline{Y})}}P_{i'}N_{i'n,Y}\right\}\leqslant\frac{M_Y}{(1+\gamma)^{(Y-\underline{Y})}},\forall Y\in[\underline{Y},E] \qquad (4.30)$$

$$\sum_{Y=\underline{Y}}^{E}\sum_{i\in I,i'\in I',n}\left\{\left[\frac{(1+\beta)^{(Y-\underline{Y})}}{(1+\gamma)^{(Y-\underline{Y})}}P_{i'}-\frac{P_i(1-\alpha)^{(Y-H_i)}}{2(1+\gamma)^{(Y-\underline{Y})}}\right]N_{in,i',Y}+\right.$$

$$\left.\frac{(1+\beta)^{(Y-\underline{Y})}}{(1+\gamma)^{(Y-\underline{Y})}}P_{i'}N_{i'n,Y}\right\}\leqslant M \qquad (4.31)$$

$$E=\max(H_i)+L_i \qquad (4.32)$$

$$N_{in,i',Y},N_{i'n,Y}\in\{0,1\}\ \forall i\in I,n,i'\in I',\forall Y\in[\underline{Y},\bar{Y}] \qquad (4.33)$$

$$u_{in,i',Y}^{jk},w_{i'n,Y}^{jk}\in\mathbf{Z}$$

$$\forall i\in I,n,i'\in I',j\in O\cup T,k\in T\cup D,\forall Y\in[\underline{Y},\bar{Y}] \qquad (4.34)$$

目标函数式（4.6）使净收益实现最大化，其方法是：①通过决策变量 $N_{in,i',Y}$（即如果在当前年份 Y，i 型旧公交 n^{th} 被 i' 型新公交取代，取值 1，否则为 0）让公交提前退休；②通过决策变量 $N_{i'n,Y}$（即如果在当前年份 Y，另行引进了 i' 型新公交 n^{th}，取值 1，否则为 0）另行购买新公交；③通过决策变量 $u_{in,i',Y}^{jk}$（即取代了 i 型旧公交 n^{th} 的 i' 型新公交在当前年份 Y 从 j 到 k 的每日行驶次数）和 $w_{i'n,Y}^{jk}$（即在当前年份 Y 另行引进的 i' 型新公交 n^{th} 从 j 到 k 的每日行驶次数）对新公交（无论是替换的还是新增的）进行路径规划。

约束条件式（4.7）和式（4.8）表示在每个公交流网络的每个节点 k 上，公交乘客流量守恒。由于本研究是一个单一车站问题，因此约束条件式（4.9）～式（4.12）确保了公交在使用中每天从始发站出发一次。式（4.9）右边项通过将公交行驶的所有服务线路相加来评估公交是否在使用中。U 是一个极大的正数。如果公交行驶了至少一条服务线路，根据式（4.11）和式（4.34）则应产生从始发站出发的一次行程；否则，其取值为零。约束条件式（4.13）表明 i 型旧公交 n^{th} 只能在标准使用寿命内更换一次。约束条件式（4.14）为 i 型旧公交分配了车队规模。由于只有更换旧公交才能将行驶路线分配给新公交，因此应建立起如式（4.15）和式（4.16）所示的关联。为了对此加以说明，式

（4.15）表示只要发生更换，$u_{in,i',Y}^{jk}$就会被激活。按照默认方案，当前车队中所有公交将在 E 年（即需要将当前车队最后一辆车进行更换的年份）前更换，因此我们可以认为每日出行路线$u_{in,i',Y}^{jk}$和$w_{i'n,Y}^{jk}$为 E 年度最佳路线。在新生命附加效益成本分析中，我们认为第一辆被替代的公交退休后，其路线规划将由后续替代公交继承。整个公交车队内的公交将遵循与 E 年相同的最佳路线分配，直到计划区间结束。也就是说，在每辆新替代公交退休前几年，所有这些公交都将在与 E 年相同的路线上行驶，即$u_{in,i',Y}^{jk}=u_{in,i',E}^{jk}$。这些关系可通过式（4.17）～式（4.20）实现。约束条件式（4.17）和式（4.19）定义了从 $E+1$ 到 $Y+L_{i'}-1$ 的行驶路线，在这条路线上无论现有公交何时退休，新公交仍然在使用中。约束条件式（4.18）和式（4.20）表明，新公交的使用取决于旧公交$N_{in,i',Y}$的更换年份或新公交$N_{i'n,Y}$的购买年份。因此可以保证的是，根据$N_{in,i',Y}$和$N_{i'n,Y}$，路径规划变量$u_{in,i',Y}^{jk}$和$w_{i'n,Y}^{jk}$仅在 Y 到 $Y+L_{i'}-1$ 期间可用。请

注意，式（4.6）有两个二次项，即$\sum_{Y=\underline{Y}}^{\bar{Y}}\sum_{Y}^{Y+L_{i'}-1}\dfrac{365\sum_{j,k}E_i^{jk}\,l^{jk}\,u_{in,i',Y}^{jk}}{(1+\gamma)^{(Y-\underline{Y})}}\,N_{in,i',Y}$ 和

$\sum_{Y=\underline{Y}}^{\bar{Y}}\sum_{Y}^{Y+L_{i'}-1}\dfrac{365\sum_{j,k}C_i^{jk}\,l^{jk}\,w_{i'n,Y}^{jk}}{(1+\gamma)^{(Y-\underline{Y})}}\,N_{i'n,Y}$。我们可以通过应用式（4.15）～

式（4.20），将两个二次项次方数降低，得到$\sum_{Y=\underline{Y}}^{\bar{Y}}\dfrac{365\sum_{j,k}E_i^{jk}\,l^{jk}\,u_{in,i',Y}^{jk}}{(1+\gamma)^{(Y-\underline{Y})}}$ 和

$\sum_{Y=\underline{Y}}^{\bar{Y}}\dfrac{365\sum_{j,k}C_i^{jk}\,l^{jk}\,w_{i'n,Y}^{jk}}{(1+\gamma)^{(Y-\underline{Y})}}$，由此将目标函数线性化。

约束条件式（4.21）和式（4.22）表示每辆公交的每日服务时间不应超过根据不同公交类型预先计划的运营时间。为了对此加以说明，式（4.21）第一项表述了不同公交总站之间的每日总运行时间。式（4.21）第二项用 80% 规则计算了每日加油或充电时间：每次行程通过延长其出行时间，分摊了加油或充电时间$\delta_{i'}$。其假设剩余能源在 20% 阈值内时加油或充电可随时发生。由于里程限制，每辆公交在完成一次完整的行程一定时间后，必须停下来加油或充电。因此，我们提出了一种多周期路径规划方法来解决这个问题。不同于单周期路径规划，我们根据行驶里程将路径规划问题分成几个周期，以便公交可以在每个周期结束时而不是在旅途中的任何时间加油或充电。在假设可以在任何公交总站加油或充电的情况下，如果下一周期的起始点与上一周期的终点相同，则连续两个周期的路线就是可行的。采用这种多周期路径规划方法来解决

充电问题具有现实意义，因为充电时间这一需求得到了明确满足，但是这也会增加模型的复杂度。为了研究多周期路径规划方法与未明确满足充电需求的单周期方法相比所拥有的优势，我们在本章第三节第三部分介绍了其比较的结果。

约束式（4.23）通过向公交车队配给新的公交，使被替换公交从基准年Y到Y年完成了所有服务行程。一开始，每条公交线路的所有服务行程都由原来的公交车队完成。但是，随着一些旧公交逐渐退休，其运营的服务行程应该由新的替代公交或另行引进的新公交运营。约束式（4.24）和式（4.25）确保了如果相关路线已行驶经过，则每辆公交应该至少完成了一次服务行程，这样设计是为了保证计算效率。

在这个问题中，如果每辆公交执行一个可行的行程序列，每一对连续的行程都可以依次执行，并且每个区块的起始和终止都在同一个终点站，那么每辆公交的路线就是可行的。考虑到一辆公交的日常行程必须从车站出发通过一条或多条线路的终点站，从其车库连接起来，然后返回同一个车站，如此定义了公交的行程。子路线是指公交的日常行程既不以始发站为起点，也不以始发站为终点。例如，设O为车站，$\{1，2，3，4\}$为总站。一次行程可表示为O-1-2-O，子路线则可表示为3-4-3。对某一公交的日常行程而言，将其行程和子路线放在一起讨论是不适合的，因为O-1-2-O和3-4-3并不相交，没有哪个行程能将它们连接起来。为避免公式中出现子路线，我们提出了两个如式（4.26）和式（4.28）的消除约束条件。在r条路线问题中，子路线可能发生在同一条路线或不同的路线之间，即$P_{\geqslant 2}(R)$，幂集R的基数大于或等于2。增加约束式（4.26）是为了防止在同一路径规划内出现子路线，而没有与其他节点连接。这种子路线只涉及出现在同一路线两个总站之间的行程。其思路是为了确保如果服务行程发生在一条路线内，那么从这条路线到终点站或另一条路线的终点站应该至少有一次行程产生。式（4.26）右边是通过路线$(j，k)$中的线路来检验公交是否产生了行程。其左边项将确保从路线$(j，k)$的任一总站到该路线外的任何其他总站以及目的车站至少会产生一次行程。举例说明，假设一辆公交在路线1（包括总站1和2）内往返，即$u_{in,i',Y}^{12}=u_{in,i',Y}^{21}=1$，那么这两个总站中的任何一个都应该同时与其他节点相连，即$\displaystyle\sum_{p\in TUD|2}u_{in,i',Y}^{1p}+\displaystyle\sum_{p\in TUD|1}u_{in,i',Y}^{2p}\geqslant 1$。相反，如果在这条路线内没有行程发生，即$u_{in,i',Y}^{12}=u_{in,i',Y}^{21}=0$，那么$\displaystyle\sum_{p\in TUD|2}u_{in,i',Y}^{1p}+\displaystyle\sum_{p\in TUD|1}u_{in,i',Y}^{2p}\geqslant 0$。约束式（4.26）适用于上述两种

情况。在 r 条路线问题中，我们必须考虑任意两条到 r 条路线之间的子路线，即 $P_{\geqslant 2}(R)$。为了对此加以说明，假设 $R=\{x,\ y,\ z\}$，$P_{\geqslant 2}(R)$ 指集合 $\{x,\ y\}$、$\{x,\ z\}$、$\{y,\ z\}$、$\{x,\ y,\ z\}$。当 $A=\{x,\ y\}$ 时，式（4.28）右边计算的是这两条路线 x 和 y 之间的换乘次数。如果换乘次数不少于 $m=2$（其中 m 为 A 的基数），则路线 x 和 y 之间可能会出现子路线（公交只在路线 x 和 y 之间行驶，没有连接其他节点）。同样，式（4.28）右边对 m 路线上发生子路线的可能性进行了检验。将这些 m 路线看作一个整体，从 m 路线的总站之一到这些路线之外的任何其他总站或目的车站应该至少有一次行程产生，如式（4.28）右边所示。引入消除子路线的约束式（4.26）和式（4.28）后，我们可以避免出现公交日常行程并不会真实出现的子路线。约束式（4.27）和式（4.29）的设计是为了避免在 $w_{in,Y}^{ik}$ 中出现子路线，其遵循的是与式（4.26）和式（4.28）同样的思路。值得注意的是，由于每日出行时间 Ψ_i 和换乘距离（可以在求解过程中添加）的影响，这些约束条件会受到一定的范围限制。

约束式（4.30）和式（4.31）为年度预算 M_Y 和总体预算约束 M，而右边两项为运营商的实际支出，包括购买成本和转售收入。

三、约束条件线性化

在上一部分中，我们提出了一个含有非线性约束式（4.17）到式（4.20）的整数规划。很明显，这个问题属于非确定性多项式问题。通过以下约束条件线性化的过程，我们将整数规划转换为整数线性规划。这样做能使方程为所得到的整数线性规划计算出全局解（可以通过标准商业软件包来进行求解）。我们引入了一组线性约束集来将整数变量和二进制变量的乘积转换为整数变量，即 $z_{in,i',Y}=\sum_k u_{in,i',E}^{ok} N_{in,i',Y}$ 和 $y_{i'n,Y}=\sum_k w_{i'n,E}^{ok} N_{i'n,Y}$。

$$z_{in,i',Y}-\sum_k u_{in,i',E}^{ok}\leqslant 0 \tag{4.35}$$

$$z_{in,i',Y}-U N_{in,i',Y}\leqslant 0 \tag{4.36}$$

$$U(N_{in,i',Y}-1)-z_{in,i',Y}+\sum_k u_{in,i',E}^{ok}\leqslant 0 \tag{4.37}$$

$$y_{i'n,Y}-\sum_k w_{i'n,E}^{ok}\leqslant 0 \tag{4.38}$$

$$y_{i'n,Y}-U N_{i'n,Y}\leqslant 0 \tag{4.39}$$

$$U(N_{i'n,Y}-1)-y_{i'n,Y}+\sum_k w_{i'n,E}^{ok}\leqslant 0 \tag{4.40}$$

其中 U 是一个极大正数。

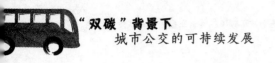

四、求解算法

由此产生的整数线性规划涉及大量整数变量和约束条件。为了有效求解，我们提出了一个两步求解程序。

第一步是减少决策变量和约束条件。由于可能的出行路径构成了一个相当大的集合，我们可以通过消除公交行程网络中不可能的换乘路线来识别潜在路径，从而减少集合数量。为此，我们设置了总站之间最大换乘距离的上限，只允许在此范围内的换乘产生链接，这个上限是根据一个小规模运算得出的可行路线最大换乘距离来设置的，以此得到了一个较小的决策变量集$u_{in,i',Y}^{jk}$。随着公交路线的增多，这个上限可以大幅减少$u_{in,i',Y}^{jk}$的规模。约束条件式（4.28）和式（4.29）可以随着公交路线的增多而增加大量约束。但现实中，子路线会受到实际参数的影响，如每日出行时间Ψ_i和换乘距离。因此，这可以在一定程度上减少约束条件。上述简化程序有助于提高计算效率，这将在本章第三节第三部分对该两步程序的敏感性分析中说明。

除了上述简化步骤之外，我们还可以减少其他决策变量而不影响结果。由于更换只会发生在基准年到当前车队最后一辆公交需要更换的那一年之间，我们将$N_{in,i',Y}$和$N_{i'n,Y}$定义在基准年$\underline{Y}$到E范围内。计划区间方面，对于各种类型的公交，Y的范围会根据其使用寿命的缩短而缩短，即$H_i+L_i+L_{i'}$，这将进一步减小$u_{in,i',Y}^{jk}$的规模。

第二步，求解基于发车频率的混合车型公交车队管理公式，由此产生的整数线性规划可由 IBM ILOG CPLEX Optimization Studio 12.4 在拥有 16GB 内存的 Intel i7-4770 CPU 计算机上进行求解，而且只会用到一条线程。

第三节　混合车型公交车队规划问题精确求解实例

一、数据采集和模型设定

为了对这些公式进行说明，我们将其应用到香港新世界第一巴士（以下简称"新巴"）公司在香港九龙/新界的两条运输路线中。新巴目前的公交车队包括符合各种欧洲标准的重型柴油公交，如表 4-1 所列。有关运输路线的信息显示在表 4-2 中（Citybus and New World First Bus，2014；香港巴士大典，2013）[1][2]。公交总站之间的行驶距离显示在表 4-3 中。我们假设这些公交路线的平均行驶速度为 23km/h（香港运输署，2014）[3]。这个假设简化了公式，并且可以根据运输路线和日行时间向多周期路线模型分配不同的运行速度，以此将该假设的设定条件放宽。

表 4-1 九龙/新界新巴公交车队

排放标准（i）	购买年份（H_i）	退休年份	公交数量（F_i）
欧Ⅱ	1999	2016	6
欧Ⅲ	2002	2019	3
欧Ⅳ	2008	2025	4

表 4-2 公交线路信息

路线	A		B	
总站	1	2	3	4
线路	1 到 2	2 到 1	3 到 4	4 到 3
每日运行时间（min）	980	1180	1035	1035
平均进度（min）	20	20	20	20

表 4-3 总站之间的行驶距离（km）

总站	1	2	3	4
1	0	25	0.81	11.2
2	26	0	18.6	17.6
3	0.88	19.7	0	14.5
4	11.7	18	15.6	0

这里考虑了四种公交类型，包括电动公交、压缩天然气公交、混合柴油公

---

① Citybus and New World First Bus：Citybus fuller disclosure 2014，https：//www. citybus. com. hk/_common/pdf/CitybusFuller2014. pdf.

② 香港巴士大典：https：//hkbus. fandom. com/wiki/%E5%B1%85%E6%B0%91%E5%B7%B4%E5%A3%AB%E8%B7%AF%E7%B7%9A%E5%88%97%E8%A1%A8.

③ 香港运输署：《2014 年度交通文摘》，https：//www. td. gov. hk/mini_site/atd/2014/index. html。

交（Hybrid）和柴油公交。我们将电动公交的最大运行距离设定为 180km（Transport International Holdings Limited，2014），加油或充电时间为 30min（Li，2013）。其他公交类型没有最大路线距离限制，并遵循默认的 17 年使用寿命（Legislative Council of Hong Kong，2010）[1]。每辆公交每天的最长服务时间为 18h 或 1080min。所有这些参数都可以针对其他情况进行修改。本研究考虑了四种动力类型车辆（包括符合四种排放标准的柴油车辆）的四种车辆排放物，即 NO_x、PM、CO 和 CO_2。虽然电动公交不会产生尾气排放（Guide-book，2009），但它们仍然会因发电间接产生排放。因此，在本研究中，我们将发电产生的电动公交的 CO_2 排放也包括在内（Doucette 和 McCulloch，2011）。根据英国标准，我们将与废气排放相关的外部成本转换为货币，如表 4-4（European Commission，2008；Matthews 等，2001；Li 等，2015）。

表 4-4　时速 23km 的公交排放外部成本（美元/km）

公交类型	NO_x	PM	CO_2	CO	排放的外部成本
电动	0	0	0.0241	0	0.0241
压缩天然气	0.0090	0.0018	0.0290	0.0005	0.0403
混合柴油	0.0059	0.0004	0.0282	0.0001	0.0346
柴油	0.0184	0.0219	0.0330	0.0002	0.0736

不同的公交类型在其生命周期内会有不同的支出。例如，压缩天然气公交会有加气站安装成本，电动公交会有电池成本。在这里，我们根据之前进行的一些实地研究（Noel 等，2014；Clark 等，2007；Li，2013；Dickens 等，2012）估算了运营成本，即燃料成本、加油或充电站成本、电池和维护成本以及不同功率公交的采购成本，如表 4-5 所示。至于利率方面，我们使用了从 2008 年以来香港银行港币最优惠贷款利率（即 5％）加以计算；通过将 2015 年上半年香港运输部门综合消费物价指数中机动车辆的采购和修理与 2014 年进行比较，我们把通胀率设为 2.81％。折旧率设为 16.2％。计划区间从基准年 $\underline{Y}$=2016 到 $\overline{Y}$=2042（香港运输署，2015）[2]。

---

① Legislative Council of Hong Kong：LCQ15：Reduction in the emissions from franchised buses and the resultant pollution，http://www.info.gov.hk/gia/general/201003/17/P201003170099.htm.

② 香港运输署：《每月交通运输文摘 2015 - 6 月》，https://www.td.gov.hk/filemanager/en/content_4702/1506.pdf。

表 4－5　时速 23km 的公交运营和采购成本

公交类型	运营成本（美元/km）	采购成本（美元）
电动	0.190	790000
压缩天然气	0.546	342366
混合柴油	0.722	531605
柴油－欧 V	0.801	321143
柴油－欧 IV	0.921	305086
柴油－欧 III	1.059	289832
柴油－欧 II	1.218	275340

二、情景分析

（一）无预算约束的最优混合车型公交车队管理

在此场景中，在没有预算约束的情况下最大化净收益的策略是通过求解式 (4.1) 到式 (4.40)，同时消除预算限制式 (4.30) 和式 (4.31)。从表 4－6 中可以看出，基于发车频率的最优混合车型公交车队管理方案将在基准年替换几乎所有的公交，即将退休的除外。在替换的公交中，电动公交占大多数，只用一辆压缩天然气公交替换柴油公交。与默认方案相比，通过实施基于发车频率的最优混合车型公交车队管理方案，可实现总计 717 万美元的净收益。有趣的是，在没有预算约束的情况下，当前公交将被两种不同能源的公交取代，而不是一种。为了理解基于发车频率的最优混合车型公交车队管理方案为何会使用两种不同类型的替代公交，我们研究了这些公交类型的最佳行程范围。在没有预算约束的情况下，如果整个网络的行驶速度相同，则根据式 (4.6)，替换公交类型的选择主要取决于其运营成本、外部成本、采购成本和寿命。即使新公交的购买成本更高，只要其运营和外部成本足以弥补其较高的购买成本，选择该新公交仍然可能获得收益。运营成本和外部成本会在单位距离的基础上累积。因此，新型公交的相对优势将随着其使用而增加。换句话说，只要其使用行程超过某个阈值，与默认更换方案相比，其相对收益将超过其更高昂的购买成本。表 4－7 显示了各种公交类型在其购买和运营（和排放）成本总和最低时的使用范围。若日行驶距离超过 193km，首选电动公交。而对于每天 11km

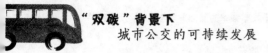

到 193km 的行驶距离，压缩天然气公交是最好的选择；否则，我们应使用柴油公交。表 4-7 还显示了考虑排放的外部成本与不考虑的情况。值得注意的是，由于运营成本的主导作用，这种外部成本对结果的影响很小。此外，将排放纳入考量不会影响公交车队的调度或路线。

表 4-6　无预算约束的最优混合车型公交车队管理方案（2016 年）

原车型	替换车型				
	电动	压缩天然气	混合动力	柴油－欧Ⅴ	退休无替换
柴油－欧Ⅱ	5	0	0	0	1
柴油－欧Ⅲ	3	0	0	0	0
柴油－欧Ⅳ	3	1	0	0	0
新增	0	0	0	0	0

表 4-7　不同公交类型的每日最佳行程范围（km）

考虑排放成本	柴油	压缩天然气	电动
是	0~11	11~193	193 以上
否	0~14	14~203	203 以上

（二）预算约束下的最优混合车型公交车队管理

实际上，由于预算限制，大部分现有公交车队不会在短时间内实行更换。在本节中，我们在预算约束式（4.30）和式（4.31）下，确定了基于发车频率的最优混合车型公交车队管理方案，以反映负担能力问题。

为了对此加以说明，我们设定了 150 万美元的年度预算来制定最佳的渐进式更换计划。从表 4-8 来看，与表 4-6 所示没有预算约束的情况相比，预算约束条件的引入随着时间的推移让替换方案变得分散并改变了替换公交的类型。值得注意的是，净收益也从 717 万美元大幅减少至 585 万美元（表 4-8）。

表 4-8　150 万美元年度预算下的基于发车频率的最优混合车型公交车队管理方案

（括号内为替换公交类型）

年份	柴油-欧Ⅱ	柴油-欧Ⅲ	柴油-欧Ⅳ	另行购买的公交	实际费用（美元）
2016	4（CNG）+2（退休）	0	0	0	1342171
2017	0	1（电动）	1（电动）	0	1423126
2018	0	1（电动）	0	1（电动）	1345916
2019	0	1（电动）	1（电动）	0	1227935
2020	0	0	2（电动）	0	1129693
2021	0	0	0	0	0
2022	0	0	0	0	0
2023	0	0	0	0	0
2024	0	0	0	0	0
2025	0	0	0	0	0
实际费用总额（美元）					6468841
净收益（美元）					5847293

三、敏感性分析

（一）公交车队的组成

与单车型公交车队问题相比，混合车型公交车队的问题将决策变量的数量增加了 3~4 倍。混合车型公交车队公式的案例研究涉及了 890 个二元变量和 43776 个整数变量，由于数量如此之大，所以其难以求解。对于同一个案例研究，如果只考虑单车型公交类型，则只需要 320 个二进制变量和 10994 个整数变量。

我们进行了 4 个计算实验来研究考虑替代动力混合车型公交车队所带来的影响。结果显示在图 4-2 中，其包括了混合车型公交车队方案和四种单车型公交类型方案。与默认方案相比，所有方案都可以产生净收益。在单车型公交类型方案中，纯电动公交最具成本效益，净收益最高（704 万美元）而且排放量最低，其次是压缩天然气（552 万美元）、柴油（121 万美元）和混合动力

（65 万美元）。正如预期的那样，混合车型公交车队方案是所有方案中成本效益最高的，尽管其排放的外部成本为 67 万美元，但产生的净收益最高，为717 万美元。

根据表 4—7 所示的最佳行程范围，该结论是合理的。由于公交可以分配到多条公交路线，因此大部分公交会在日常出行时间的限制下，最大限度地进行运营。表 4—7 中，只有一两辆公交会在小于阈值的小距离范围内行驶。换句话说，最具成本效益的车队组成是以电动公交为主，根据行驶距离，辅以少量压缩天然气或柴油公交。

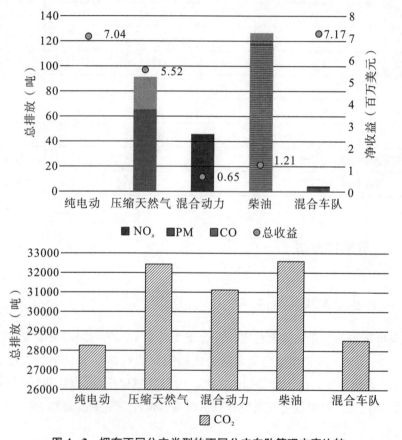

图 4—2 拥有不同公交类型的不同公交车队管理方案比较

（二）公交服务协作

公交服务协作允许公交通过在不同路线之间换乘（有时称为联运）来为多条路线提供服务，直到达到其每日服务时间，而不协作运营的公交则固定在同一路线内。在公式中纳入公交协作，与没有纳入的情况相比，可想而知需要更多的决策变量集。如将问题看成两个单路线问题，则从本质上是没有对公交协作进行考虑，两个单路线问题的变量数分别为 12240 和 8730，比原来 44000 多的变量大幅减少。这种运算规模的大幅减少一方面大大加快了计算速度，但另一方面可能会对结果产生负面影响。所以在这里，我们比较了是否有公交协作的两个方案。

根据图 4-3，如果不考虑公交服务协作，净收益将减少 43 万美元。非协作运营方案的车队规模更大，比公交协作方案多了 1 辆压缩天然气公交，由此额外产生了 358 吨的 CO_2 排放量。

此结果仅适用于涉及两条路线的案例研究。毫无疑问，随着路线的增加，公交服务协作带来的净收益将更加明显。

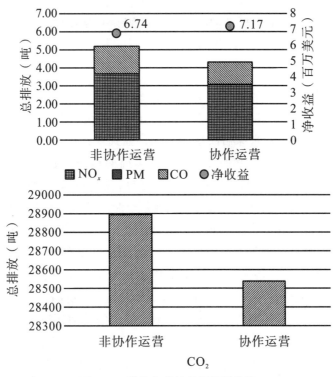

图 4-3 协作与非协作运营的比较

（三）车辆路径规划

由于如前所述，路径规划问题是基于发车频率的混合车型公交车队管理问题中的一个主要问题，因此我们进行了两个计算实验来研究考虑路径规划问题所带来的影响。通过使用公交的平均行驶距离而不是每辆公交的具体路线，我们比较了有路径规划和无路径规划方案的净收益结果。根据图4-4，如果不考虑车辆路径问题，将损失超过13%的净收益。因此，在基于发车频率的混合车型公交车队管理问题中加入公交路径规划规划是必不可少的。

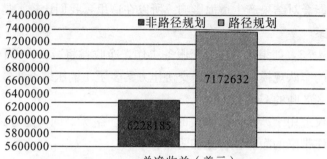

图4-4　路径规划和无路径规划下收益的比较

（四）充电问题

由于里程限制，每辆电动公交在行驶一定时间后必须停下来充电。这个问题成为电动公交的主要问题。在本章第二节中，若我们将充电时间平均到电动公交的日常行驶中，以此来解决这个问题，如式（4.21）和式（4.22）所示，这可能不太现实。因此，我们提出了一种多周期路径规划方法来解决这个问题。像之前一样，总运行时间限制在 Ψ_i。然后我们根据行驶里程将路径规划问题分成几个时段，这样电动公交可以在每个时段结束时充电，而不是在旅途中的任何时间进行充电。如果下一个周期的起点与上一周期的终点相同，那么连续两个周期的路径规划就是可行的，但前提是可以在任何公交终点进行充电。决策变量 $u_{in,i',Y}^{jk}$ 被替换为 $u_{in,i',Y}^{\rho,jk}$，其中 ρ 表示周期集合 P 中的周期。然后约束式（4.7）被替换为式（4.41）和式（4.42），以确保各周期的流入量小于流出量，从而实现各周期的乘客流动守恒。类似的替换还适用于式（4.8）和消除子路线约束式（4.26）到式（4.29）。为了研究多周期路径规划法的效果，以明确满足充电需求，我们将其结果与单周期路径规划法进行了比较。

$$\sum_{j \in OUT} \sum_{\rho \in P} u_{in,i',Y}^{\rho,jk} = \sum_{p \in T \cup D} \sum_{\rho \in P} u_{in,i',Y}^{\rho,kp}$$

$$\forall i \in I, n, i' \in I', Y \in [\underline{Y}, \bar{Y}], k \in T \qquad (4.41)$$

$$\sum_{j \in T} u_{in,i',Y}^{\rho,jk} - \sum_{p \in T \cup D} u_{in,i',Y}^{\rho,kp} \leqslant 1$$

$$\forall i \in I, n, i' \in I', Y \in [\underline{Y}, \bar{Y}], k \in T, \rho \in P \qquad (4.42)$$

由于所有服务行程都必须在每个周期内完成，因此即使上一次行程结束到这一次周期结束之间的时间有剩余，但也不足以让一些公交再运行一次行程。最终结果是多周期路径规划法确定的总运营或服务时间将少于单路径规划法。因此，与单周期分析的情况相比，一些公交的行程会减少。这种由多周期法产生的运行时间损失可能会随着周期持续时间的缩短而增加，而周期持续时间又由电动公交的续航里程决定。因此，使用单周期法可能会高估公交的使用量，从而低估实际成本。与此同时，多周期方法所涉及的计算工作量将大幅增加。在本案例研究中，与多周期法相比，单周期法将决策变量大幅减少了 60%，从 110906 个减少到 44666 个，但只低估了 6% 的实际费用。因此，作为初步分析，也许单周期路径规划法也能够得到一个合理的结果，尽管其低估了由此产生的成本。

（五）电动公交的购买价格

为了帮助改善道路路侧空气质量和减少碳排放，公共交通绿色和创新技术往往能受到政府资金的激励。此外，随着技术的发展，预计电动公交的成本会随着时间的推移而降低。为了研究电动公交的采购价格对最优基于发车频率的混合车型公交车队管理方案的影响，我们对一系列电动公交的采购成本进行了敏感性分析。从图 4-5 中可以看出，净收益随着电动公交购买价格的降低而增加。具体而言，当电动公交的价格为 59 万美元且整个车队又仅由电动公交组成时，价格每下降 1 美元将使净收益增加 12 美元。这一结果似乎支持对新电动公交进行补贴。

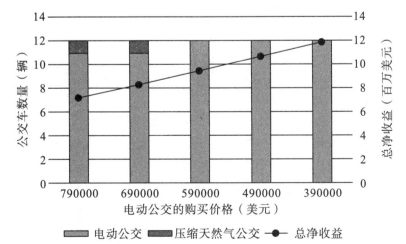

图 4-5　购买价格对最优混合车型公交车队管理方案的影响

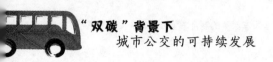

（六）两步程序

在本节中，我们比较了两步求解程序与不减少决策变量和约束条件的求解程序的计算结果。通过减少计算程序，决策变量的数量从 101114 减少到 44666，大幅减少了 56%。结果表明，通过使用 2km 的换乘距离上限来减少决策变量 $u_{im,i',Y}^{jk}$，最终计算结果是完全一样的。也就是说，最优解中没有公交会占用超过 2km 的换乘距离。因此，如案例研究所示，减少决策变量和约束大小的两步求解程序是有效的，而且不会影响解决方案的最优性。

（七）默认购买车型

在本研究的剩余寿命额外收益成本分析中，我们需要定义默认购买车型或替换车型来进行成本比较，如假设 1 所述。默认替换车型在以下情况可以用来估算成本差异：①没有预算约束；②无论运行时间和地点如何，相同排放类型的公交具有相同的排放因子；③默认替换类型将沿着与当前相同的路线运行。根据本章第二节第三部分的公式，默认购买的公交类型 i'' 出现在了式（4.1）、式（4.3）和式（4.6）中，这会改变决策变量系数 $N_{im,i',Y}$，并可能导致出现一个不同的最优解。因此，我们在此节对默认购买的公交类型进行了敏感性分析。

为了对敏感性进行说明，我们将柴油欧 V 型和电动公交交替作为默认购买的公交类型，并对它们之间的计算结果差异进行了检验。这里考虑了五个问题，包括混合车型车队方案和四个单车型公交类型方案。结果表明，默认购买车型对最优车队解决方案的影响很小。

本章小结

本章提出了一种类似于剩余寿命额外收益成本的称为新生命附加效益成本分析的方法来解决混合车型公交车队管理问题。基于新生命附加效益成本，我们将混合车型公交车队管理问题表述为整数问题，然后将其转化为整数线性规划。该公式考虑了四种类型的公交，通过逐步更换现有公交和购买新公交来确定最佳车队规模和组成，同时在计划区间内优化了每辆公交的路线分配。

由于路线和相关的行驶范围是混合车型公交车队管理问题中电动公交的主要考虑因素，因此本研究将公交路径规划规划纳入了运算中，该运算还允许每辆公交进行多线路运行或联运。我们提出了两种路径规划方法来解决充电问题。一种是将一天的服务时间划分为多个时段，为每个时段制定了路线规划，同时确保跨时段的公交乘客流动连通。每个时段的持续时间受电动公交续航里程的限制，留出时段之间的时间以供按需充电。另一种是单周期路径规划方式，根据出行距离来分摊一部分充电时间，以此延长每次行程的出行时间。单周期路径规划方法通过不明确地捕获所需的整个充电时间使问题得到了简化，因为它将充电时间分散到了不同的行程。很明显，多周期路径规划方法更加贴近现实，但它大大增加了计算工作量。尽管如此，结果表明单周期方法不会大幅低估运营成本，但会节省大量计算工作。

香港的案例研究表明，混合车型公交车队管理方案比单车型公交类型的车队管理方案更具成本效益。另外，用公式运算混合车型公交车队管理问题通常会导致庞大的整数规划问题，提出能减少运算规模的程序就变得必要。因此，在这项研究中，我们通过对换乘线路上的距离引入上限约束，提出了一个两步程序来减少运算的规模。这样的上限约束被证明可以有效地减少运算规模而不影响解决方案的质量。我们还研究了其他减少运算规模的方法所带来的效果，包括公交服务协作和限制公交类型的选择。这两者都会大大减少运算的规模，但也会对解决方案的质量产生负面影响。了解这种权衡对于设计未来的实施方案很重要。我们目前的研究是通过提出其他约束来进一步限制运算的规模，从而探索其他方法使该公式适用于更大的公交网络。另一个现有的研究是用基于车辆行车计划编制的方法，而不是现有的基于发车频率的方法来阐述该问题，这应该能够更准确地反映公交的调度和运营细节。

第五章　基于车辆行车计划编制的
混合车型公交车队管理策略

第一节　引言

在本章中，我们考虑基于车辆行车计划编制的管理方法问题，它可以明确地处理行程和充能问题，以及一些其他问题，如充能站选址、考虑乘客路线选择等。在之前对电动公交调度的大多数研究中，人们使时间－空间网络来提出非线性程序以求得近似解。由于在这些研究中没有对能源进行追踪，因此行驶范围和加油（充电时间）约束无法用线性公式来表示。在这项研究中，我们将能源消耗状态变量明确地纳入我们的模型，并提出了一种新方法来为公交流生成时间－空间－能源网络，该网络呈线性且精确地解决了车辆行车计划编制问题中的行驶范围和充能约束。此外，我们还建立了一个允许绕行的乘客时间－空间网络。基于这两个可行的网络，我们提出了一个混合整数线性规划来阐述具有多车型多车站的车辆行车计划编制问题，从而实现全局最优化，这称为多车型多车站车辆行车计划编制问题。我们通过为电动公交和柴油公交的混合车型公交车队分配时间表和行程，最大限度地降低了运营商和乘客的成本，以及排放造成的外部成本。我们还将充能站的定位问题纳入车辆行车计划编制问题并同时对其进行优化。为了加快计算过程，我们提出了一个简化公式，用近似解来求解大规模运算。其结果很具有前景。在数值研究中，变量数量减少了96％，计算时间减少了83％。值得注意的是，使用后一种方法也可以获得全局最优值，条件是：①计划区间在一辆能源加满的公交行程时间范围两倍以内；②网络时间区间大于或等于公交能源加满所需的时间。与传统的车辆行车计划编制问题相比，所提出的多车型多车站车辆行车计划编制问题具有明显的优势。本研究的主要贡献如下：

（1）我们考虑了有关公交服务协作的混合车型公交车队调度问题。通过将公交服务、乘客流动和公交排放整合到一个模型中，确定最优公交调度方案。

（2）我们提出了一种新颖的方法，通过明确地捕捉能源消耗来为公交流生成可行的时间－空间－能源网络。基于生成的时间－空间－能源网络，我们精确地解决了行驶范围和充能问题，充能站选址问题也是如此。

（3）我们将车辆行车计划编制问题表达为整数线性规划来寻找全局最优解，而不是像大多数研究那样依赖启发式算法。此外，为了保证计算效率，我们提出了基于时间－空间网络的替代公式来处理更大规模的运算。

本章大纲如下：第二节描述了问题。第三节提出了基于时间－空间－能源网络方法来求解多车型多车站车辆行车计划编制问题的方法，并提出了一种替代方法，从而在减少计算时间的同时又获得了近似解。第四节对第三节得出的两种方法的可行性进行了检验，将其应用于小型网络，然后应用于香港真实的运输网络。第五节得出结论。为了便于参考，我们在附录二给出了符号。

第二节　问题描述

本研究中多车型多车站车辆行车计划编制问题可以表述如下：对于给定的一组车站集和公交路线集，通过确定计划区间内的公交路线和服务时间表，为每对公交总站之间的既定行驶距离找到最小系统成本。因为每辆公交都会完成一个完整的行程，并且不会中途切换到另一个行程，所以我们只需要考虑公式中的起点和终点，而不涉及中间站。系统成本包括运营商和乘客的成本，以及与排放相关的外部成本。与传统的公交调度问题不同，由于引入了乘客等待和需求损失的成本，因此并非所有需求都必须得到满足。多车型多车站车辆行车计划编制问题旨在从社会福利的角度平衡运营商和乘客之间的利益。

如果预定时刻表的每次行程恰好被覆盖一次，每辆车执行一个可行的行程序列，其中每一对连续的行程可以按顺序操作，每辆车有足够的能源完成下趟行程，以及每辆车在完成充能过程后会再次投入使用，则一次车辆调度就是可行的。多车站车辆行车计划编制问题考虑了使用替代能源的异构车队。由于每种车型都有自己的续航里程，因此每次行程都会记录其能源消耗和能源容量，以确定必须在充能站充能的特定时刻，从而避免途中搁浅。

为简单起见，我们做出以下假设：

（1）计划区间开始时从各个车站出发的公交数量等于计划区间结束时在相同车站到达的公交数量。

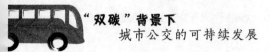

（2）每条公交路线由两个终点站之间的双向公交线路组成。通过设置两个零距离的公交总站而不是一个，我们提出的模型也适用于环形线路。

（3）给定每对起点—终点的需求，每个总站的到达模式都遵循了事先规划好的行程分布。

（4）相对于累计能源消耗而言，各车型的充能时间遵循同一个充能规则——无论是线性还是非线性的，每次充能后能源恢复全满。

（5）从车站到第一次行程（反之亦然）的能源消耗与服务行程相比非常小。

第三节　混合车型公交车队管理优化模型

在本节中，我们首先提出了一种基于时间－空间－能源（TSE）网络来解决多车型多车站车辆行车计划编制问题的方法，在本研究中称为基于时间－空间－能源网络（MD－MVT－VSP－TSE）的多车型多车站车辆行车计划编制问题。由于能源消耗作为网络中的状态变量或标签受到了跟踪，因此可以精确解决续航里程和充能问题。全局最优性为一个整数线性规划，它可以通过公式来实现。为了减少变量数量并加快计算过程，我们提出了一种基于时间－空间网络的替代方法来解决多车型多车站车辆行车计划编制问题，可以无须明确跟踪能源消耗，称为多车型多车站车辆行车计划编制问题时间－空间网络。这种方法拟用近似解来处理较大规模的网络，其中如果在行驶范围约束下，公交的充能时间小于网络中的时间区间，则可以获得全局最优解，这将在后面加以解释。

一、基于时间－空间－能源网络的多车型－多车站车辆行车计划编制问题

我们首先介绍时间－空间－能源网络的符号，这是数学公式的基础。

（一）新型流量网络的生成

1. 公交时间－空间－能源网络

我们为具有特定能源的每种车辆类型生成了可行的日常网络，以记录每辆公交的能源消耗。在公交时间－空间－能源网络中，每个节点代表特定时间的特定位置，具有特定的能源消耗水平。时间按固定时长划分为区间集合，能源

消耗按能源划分为能源消耗水平集合。换句话说，在每个公交总站的每个时间区间，都有按不同能源消耗水平划分的节点集合。通过记录每个节点的能源消耗，可以计算出剩余行驶里程。然后通过连接相关公交类型的所有可能路线的弧线来构建网络。通过这种方式，此类时间－空间－能源公交网络不仅可以确保所有公交都在其能源限制范围内行驶，从而显示其充能需求，而且还允许将混合路线公交行程纳入其中。

设 $I = \{1, 2, \cdots, i\}$ 为不同能源公交类型的集合。时间－空间－能源网络可由图 $G(V^b, A_i^b)$ 进行定义，如图 5－1 所示。V^b 表示节点集 $V^b = O^b \cup T^b \cup F$，其中 O^b 表示车站集合，T^b 为时间扩展公交总站集，以及 F 为时间扩展充能站的集合。A_i^b 是具有三个子集的弧集，即服务弧集 S_i^b、等待弧集 W_i^b 和空驶弧集 D_i^b（车辆在不为任何乘客提供服务的情况下到达终点站），这样 $A_i^b = S_i^b \cup W_i^b \cup D_i^b$。每个服务弧表示在特定时间开始具有特定能源消耗水平的起点－终点对之间的直接服务行程，而每个等待弧连接同一总站的两个连续时间节点，同时保持相同的能源水平。每个空驶弧代表一次从车站出发（或回到车站）的行程（ⅰ），或去往另一次服务行程起始总站的行程（ⅱ），或去往充能站的行程（ⅲ）。

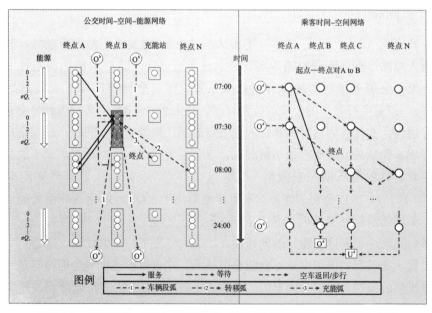

图 5－1　公交时间－空间－能源网络（左）和乘客时间－空间网络（右）

这里引入两个参数来调整行程时间和能源消耗。一个是 γ_v^{jk}，即当行驶在弧 γ_m^{jk} 时，与当天时间相关的速度调整参数。另一个是 γ_m^{jk}，即与载客量或需求相关的车辆质量调整参数。每条弧上的行程时间和能源消耗由行程距离 d^{jk}、平均行驶速度 v、能源消耗率 η_i 以及两个调整参数决定。我们将能源消耗定义为弧 γ_m^{jk} 的成本，即 $q^{jk} = d^{jk} \eta_i \gamma_v^{jk} \gamma_m^{jk}$，而行程时间表示为 $t^{jk} = \dfrac{d^{jk}}{v \gamma_v^{jk}}$。对于 i 型公交，Q_i 是能源容量，τ_i^j 是到达节点 j 的时间，e_i^j 是到达节点 j 时的累计能源消耗。最后，我们定义一组指标集 $U = \{u_i^{jk}\}$，用于表示弧 γ_m^{jk} 是否连接于网络 $G(V^b, A_i^b)$ 中。i 型公交的时间－空间－能源网络 $G(V^b, A_i^b)$ 可以用以下等式表示：

$$u_i^{jk} = 1 \quad \forall j \in O^b, k \in \{k \mid k \in T^b, e_i^k = 0\} \tag{5.1}$$

$$u_i^{jk} = 1 \quad \forall j \in \{j \mid j \in T^b, e_i^j > 0\}, k \in O^b \tag{5.2}$$

$$u_i^{jk} = 1 \quad \forall j \in T^b \cup F, k \in \{k \in T^b \mid \tau_i^k = \tau_i^j + t^{jk},$$
$$e_i^k = e_i^j + q_i^{jk}, e_i^k \leqslant \sigma Q_i\} \tag{5.3}$$

$$u_i^{jf} = 1 \quad \forall j \in \{j \mid j \in T^b, \sigma' Q_i \leqslant e_i^j \leqslant \sigma Q_i\},$$
$$f \in \{f \in F \mid \tau_i^f = \tau_i^j + t^{jf} + t_i^r, e_i^j + q_i^{jf} \leqslant \sigma Q_i, e_i^f = 0\} \tag{5.4}$$

设固定时间和能源为 ξ_t 和 ξ_e。我们首先计算每个节点准确的到达时间 τ_i^k 和累计能源消耗 e_i^k，并将其代入网络中相应的时间区间和能源水平，即 $ceil\left(\dfrac{\tau_i^k}{\xi_t}\right)$ 和 $ceil\left(\dfrac{e_i^k}{\xi_e}\right)$。

约束式（5.1）和式（5.2）是指从车站出发/出发去车站的空驶弧，其中弧流入总站节点且能源消耗为零，并从该节点流出，这时累积能源消耗大于零。设 σ 为用于规划的能源容量折减系数，即安全行驶里程率（如 80% 或 90%），以避免行驶中的公交的能源耗尽。约束式（5.3）定义行程到公交总站的连通性，并计算到达时间和目的地节点的累计能源消耗。同时，以安全行驶里程率 σ 保证最大能源容量不被破坏，以免发生搁浅。所有低能源水平的公交仍应有足够的能源前往充能站。为确保这一点，我们引入了启动充能率 σ'（比如 10%），所以公交的能源水平等于或略高于 $\sigma' Q_i$ 时就应该开始充能。因此，车辆需前往充能站时的能源范围缩小到 $[\sigma' Q_i, \sigma Q_i]$，如约束式（5.4）所示，其解决了去往充能站的连通性。t_i^r 为 i 型公交的充能时间，这是一个预设参数。如果我们使用电池互换的充电技术，它也可以建模成为能源容量线性或非线性的函数，抑或为固定值。约束式（5.4）还定义了充能过程，并将累积能源消耗重置为零。请注意，每个充能站的每个时间区间只有一个能源水平，即 $e_i^f = 0$。为了进一步减小网络规模，我们可以针对节点 j（如果 j 是一个没有流入的孤立节点），对式（5.2）到式（5.4）增加条件 $\sum\limits_{p \in V^b} u_i^{pj} > 0$，以避免多余连接。

图 5-1（左）表示 i 型公交的时间-空间-能源网络。时间以 30min 的固定持续时间进行分割。每个矩形由同一时间和相同位置、与能源消耗水平相关的节点集组成，只有一个零能源消耗节点的充能站节点除外。以 07：30 在总站 B 的灰色矩形为例：如果我们将能源消耗除以能源 $\sigma Q_i/4$，则它由 5 个能级组成。请注意，从车站出发的弧只能流入第一个零能源消耗节点。从 A 总站到 B 总站的第一个服务弧表示本次行程的持续时间在 30min 以内（为 1 个时间区间），能源水平同样也在 1 个能源以内。因此，这条弧在总站 B 的第二个时间区间流入第二个节点。同样，这里有其他两个服务弧从 B 的第二个时间区间的前两个节点出发。对于这个矩形中的其余节点，因为无流入，也无流出，所以也就不存在乘客流动。除了 30min 后从第二节点到同一能级节点的等待弧外，从对应行程第二节点出发的有 3 种空驶弧：①到车站；②到另一个服务行程的起始总站；③到充能站。最后，由于与其他节点孤立，最后三个节点没有连接。

2．乘客时间-空间网络

乘客时间-空间网络可以由图集 $G(V^d, A^d)$ 进行定义，其中 d 指属于起点—终点集 R 的一对特定起点—终点。V^d 为节点集 $V^d = O^d \cup T^d \cup U^d$，其中 O^d 表示时间扩展乘客需求集，且 U^d 表示每日服务结束时的未满足的需求集。T^d 表示时间扩展公交总站集，其中 T_1^d 是时间扩展出发集，而 T_2^d 是关于起点—终点对 d 的时间扩展目的地集。A^d 为具有三个子集的弧集（服务弧集 S^d、等待弧集 W^d 和绕行弧集 D^d），即 $A^d = S^d \cup W^d \cup D^d$。在绕行弧集中，有两种子弧集（一种是步行弧集 D_1^d，另一种是需求弧集 D_2^d），于是 $D^d = D_1^d \cup D_2^d$。请注意，在每个图 $G(V^d, A^d)$ 中，存在三种类型的需求弧：从 O^d 节点出发到 T_1^d 节点的原始需求弧，从 T_2^d 最后一个节点出发到 O^d 节点的已满足需求弧，以及从 $T^d \setminus T_2^d$ 最后一个节点到 U^d 的需求丢失弧。每个服务弧表示在特定时间的一次行程，弧的成本就是乘客的出行时间成本。服务弧的乘客流动表示车上乘客的数量，其受限于公交服务的容量。然而，等待弧的乘客流动表明，由于离开的公交容量不足，累积的乘客流动没有得到服务，并且不得不等待后续的公交。步行弧描述了乘客在步行距离内的位置之间的移动。原始需求弧表示到达出发总站的乘客数量，而已服务弧或需求丢失弧的乘客流动描述了每日服务结束时已服务或未服务的乘客数量。如果满足所有需求对公交公司来说很重要，则可以对丢失的需求弧设置高额罚金，以便提供更多服务来满足所

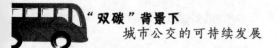

有需求，但代价是更高昂的运营成本。r_d^{jk} 为一个指标，说明弧(j,k)是否连接于网络$G(V^d, A^d)$中。乘客流动时间－空间网络构建如下：

$$r_d^{jk} = 1 \quad \forall d \in R, j \in O^d, k \in T_1^d \tag{5.5}$$

$$r_d^{jk} = 1 \quad \forall d \in R, j \in T_2^d, k \in O^d, (j,k) \in D_2^d \tag{5.6}$$

$$r_d^{jk} = 1 \quad \forall d \in R, j \in T^d \setminus T_2^d, k \in U^d, (j,k) \in D_2^d \tag{5.7}$$

$$r_d^{jk} = 1 \quad \forall d \in R, j \in T^d, (j,k) \in A^d \setminus D_2^d \tag{5.8}$$

图 5-1（右）表示的是一对起点—终点的乘客流动时间－空间网络。该网络使乘客能够以不同路径完成他们的行程。他们可以选择直达服务，也可以绕行到其他公交总站乘坐类似的线路。注意只有流向目的地的乘客流动才能流入 O^d；否则，将被标记为丢失的需求并流入 U^d。请注意，最后几个时间区间没有需求。由于计划区间的结束时间是最后一次服务行程的完成时间，因此每个起点—终点对的服务窗口会缩短。

（二）数学公式

基于时间－空间－能源网络的多车型多车站车辆行车计划编制问题可以表述如下：

(P1)（问题 1，Problem 1，下同）

$$\min_{W,X,Y} \sum_{i \in I} \sum_{j \in O^b} V_i^1 Y_i^{jk} + \sum_{i \in I} \sum_{j,k \in V^b} (C_i + E_i) q_i^{jk} Y_i^{jk} +$$

$$\sum_{i \in I, g \in F} V_i^2 W_{ig} + \sum_{(j,k) \in A^d \setminus D_2^d} V_s^{jk} \sum_{d \in R} X_d^{jk} +$$

$$\sum_{(j,k) \in D_2^d, k \in U^d} V_u^{jk} \sum_{d \in R} X_d^{jk} \tag{5.9}$$

$$\sum_{j:(j,k) \in A_i^b} Y_i^{jk} - \sum_{p:(k,p) \in A_i^b} Y_i^{kp} = 0 \quad \forall i \in I, k \in V^b \tag{5.10}$$

$$\sum_{j \in O^b} Y_i^{jk} \leqslant K_i \quad \forall i \in I, k \in T^b \tag{5.11}$$

$$\sum_{i \in I} Y_i^{jk} \leqslant c^{jk} \quad \forall j, k \in V^b, j \neq k \tag{5.12}$$

$$X_d^{jk} = B_d^j \quad \forall j \in O^d, k \in T^d, d \in R \tag{5.13}$$

$$\sum_{j:(j,k) \in A^d} X_d^{jk} - \sum_{p:(k,p) \in A^d} X_d^{kp} = 0 \quad \forall k \in T^d, d \in R \tag{5.14}$$

$$\sum_{d \in R} X_d^{jk} \leqslant \sum_{i \in I} Y_i^{jk} \zeta_i \quad \forall (j,k) \in S^d \tag{5.15}$$

$$\frac{1}{\omega} \sum_{i \in I} \sum_{j \in T^b} Y_i^{jg} \leqslant W_{ig} \quad \forall i \in I, g \in F_i \tag{5.16}$$

$$W \in \text{binary}, X, Y \in \text{integer} \tag{5.17}$$

在这个运算中设置了三种类型的决策变量。$Y = \{Y_i^{jk}\}$ 为整数变量集，其表示从公交网络 $G(V^b, A_i^b)$ 中的节点 j 到 k 的公交乘客流动。$W = \{W_{ig}\}$ 为二元变量集，说明充能站 g 的 i 型公交是否正在运营。$X = \{X_d^{jk}\}$ 为在乘客流动网络 $G(V^d, A^d)$ 中，代表起点—终点对 d 从节点 j 到 k 的乘客流动整数变量集。

式（5.9）定义了计划区间内系统总成本最小化的目标函数，包括运营商成本、乘客成本和排放外部成本。V_i^1 和 V_i^2 为在计划区间内拥有每辆公交和每个充能站的固定成本。C_i 是与燃料和维护成本相关的单位能源消耗的运营成本，E_i^{jk} 相应地为排放外部成本。对于每位乘客，V_s^{jk} 是不同弧对应的货币时间成本，其中 $(j, k) \in A^d \setminus D_2^d$，$V_u^{jk}$ 是需求丢失弧上的处罚成本。前三项包括运营商成本和计划区间的外部成本，分别是：①拥有所有公交的总固定成本；②行程运营总成本和排放的外部成本；③拥有充能站的总固定成本。后两项是指乘客成本，分别是：①乘客出行、等待和步行的总时间成本；②需求损失罚金。

至于约束条件，式（5.10）表示在公交网络 $G(V^b, A_i^b)$ 每个节点 k 的公交乘客流动守恒。注意，为了保证第 5.2 节中的假设 1 成立，需使 $k \in O^b$。约束式（5.11）确保了运营中的 i 型公交不会超过允许的最大车队规模 K_i，而式（5.12）给出了链接 (j, k) 上的道路容量 c^{jk}。约束式（5.13）将 B_d^j（起点—终点对 d 上节点 j 的乘客需求）分配到了每个出发总站，（5.14）确保了其乘客流动守恒。ζ_i 为 i 型公交的容量。约束式（5.15）要求在弧 (j, k) 上的已服务乘客流动总量需受到服务弧 (j, k) 内各类型公交总容量的限制。约束式（5.16）定义了所有公交网络中至少需充一次能的充能站使用情况，其中 $\bar{\omega}$ 表示极大正数。总而言之，该公式构成了一个整数线性规划（ILP），其不仅可以解决单车型公交车队的调度问题，还可以解决混合车型公交车队的调度问题。其证明在以下两个引理中会加以详细说明。

引理 1　多车型多车站车辆行车计划编制问题时间−空间−能源网络公式适用于在计划区间内不需要充能的公交的单一车队调度问题。

证明：$G(V^b, A_i^b)$ 是 i 型公交的时间−空间−能源网络，其中公交具有足够大的能源容量而无需在计划区间内充能，如柴油公交。由于行驶范围和充能约束不需要纳入 VSP，因此不需要在网络中记录能源消耗。因为能源不是网络生成的紧约束，所以我们假设每个时间区间中只有一个能级，并且该能级可以是任何值。然后我们在式（5.1）到式（5.4）的条件约束下生成网络，其中

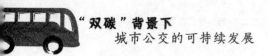
该网络可以很容易地简化为如下的时间－空间网络，

$$u_i^{jk} = 1 \quad \forall j \in O^b, k \in T^b \tag{5.18}$$

$$u_i^{jk} = 1 \quad \forall j \in T^b, k \in O^b \tag{5.19}$$

$$u_i^{jk} = 1 \quad \forall j \in T^b \bigcup F, k \in \{k \in T^b | \tau_i^k = \tau_i^j + t^{jk}\} \tag{5.20}$$

$$u_i^{jf} = 1 \quad \forall j \in \left\{ j \in T^b \middle| \tau_i^j \geqslant \frac{\sigma' Q_i}{\eta_i v} \right\}, f \in \{f \in F | \tau_i^f = \tau_i^j + t^{jf} + t_i^r\} \tag{5.21}$$

约束式（5.21）对应式（5.4）的充能次数，其中连接从 σQ_i 开始。由于这个时间－空间网络中没有能源标签，我们通过计算消耗能源 σQ_i 的时间来定义充能的开始时间，即 $\frac{\sigma' Q_i}{\eta_i v}$。注意时间－空间网络是充能时间为 t_i^r（这是一个与能源无关的参数）的时间－空间－能源网络特例。其实我们可以将启动充能率 σ' 定义为一个小于 σ 的较大值。由于能源容量 Q_i 很大，因此不会出现充能的情况。于是我们可以删除式（5.21），并用式（5.22）来重新表示式（5.20）。

$$u_i^{jk} = 1 \quad \forall j \in T^b, k \in \{k \in T^b | \tau_i^k = \tau_i^j + t^{jk}\} \tag{5.22}$$

基于这个时间－空间网络（相当于没有能源标签的时间－空间－能源网络），我们可以求解 P1。由于没有进行充能，约束式（5.16）右边为零，其中充能站的决策变量 $W = \{W_{ig}\}$ 在最优时也将为零。因此，可以通过时间－空间网络中的多车型多车站车辆行车计划编制问题时间－空间－能源网络方法来解决没有行驶范围和充能约束的单车型公交车队调度问题。

引理 2 多车型多车站车辆行车计划编制问题时间－空间－能源网络公式适用于混合车型公交车队调度问题，包括需要充能和不需要充能的公交。

证明： 假设具有不同能源的公交类型集合是 $I = \{1\}$。这个问题就变成了一个单车型公交车队调度问题。通过采用多车型多车站车辆行车计划编制问题时间－空间－能源网络方法，可以对需要充能或不需要充能的公交分别进行求解。

如果有两种或两种以上不同能源的公交类型，$I = \{1, 2, \cdots, i\}$，问题就变成了混合车型公交车队调度问题。同一能源的每种公交类型都会有自己的公交网络 $G(V^b, A_i^b)$。例如，根据引理 1，电动公交（EB）在行驶范围和充能限制下拥有自己的时间－空间－能源网络，而柴油公交（DB）拥有的是没有能源标签的时间－空间网络。$Y = \{Y_{EBs}^{jk}, Y_{DBs}^{jk}\}$ 为整数变量集，表明在公交乘客网络 $G(V^b, A_{EBs}^b)$ 和 $G(V^b, A_{DBs}^b)$ 中从节点 j 到 k 的公交乘客流动。并且由于 DB 没有候选充能站，因此充能站的决策变量仅由一种公交类型组成，即 $W = \{W_{EBsg}\}$。对于约束式（5.12），c^{jk} 表示道路容量，与能源消耗无关。因此，对于电动公交网络，无论能源水平如何，我们都可以将某一时间从一个位置出发到另一个位置的所有公交流动进行汇总，这与 DB 的时间－空间网络相同。同样的步骤可以在约束式（5.15）上进行重复。然后我们就可以求解 P1了。综上所述，我们可以通过多车型多车站车辆行车计划编制问题时间－空间－能源网络的方法来解决时间－空间－能源网络中需要充能的公交和时间－空间网络中不需要充能的公交的混合车型公交车队调度问题。

二、基于时间－空间网络的多车型－多车站车辆行车计划编制问题

时间－空间－能源网络涉及三种状态变量或标签，这将生成大型增强网络，从而导致更大规模的实际计算问题。因此，提出基于时间－空间网络的替代简化公式以找到大规模运算的近似解是有利的。与本章第三节第一部分的方法不同，在替代公式中没有明确追踪能源消耗，这将大大缩小增强网络，从而减轻计算工作量，正如我们将在数值研究中看到的那样。然而，除了本章第二节的假设，这个简化公式又增加了两个假设：①每种公交类型的充能时间是固定的；②每辆在运营期间最多充一次能的公交可以完全覆盖计划区间的运营范围。鉴于目前的技术，这是合理的。一方面，现实中公交的充能时间每次不会有太大差异，而加满油或充满电的假设可以保证下次行程的时间可行性。另一方面，全天服务的城市公交通常每天运行 150～300km，但当一部分车队在高峰期运行时，每辆车行驶的平均公里数会低于此数值。在本研究中，如果在计划区间一开始就加满油或充满电的公交在运行期间只额外加一次油或充一次电，而且每次加油或充电能提供 200km 的续航里程，则这辆公交的最大续航里程为 400km。通过添加这些假设，我们可以保证每辆公交出行的可行性。在下文中，我们将首先介绍时间－空间网络的定义和符号。

（一）公交时间－空间网络的生成

在公交时间－空间网络中，每个节点代表特定时间的特定位置，不对能源消耗进行记录。每个网络都是通过沿着可行的行程序列将弧线连接起来而构建的。根据引理 1，时间－空间网络是没有能源标签的时间－空间－能源网络特例，充能时间是一个与能源消耗无关的参数。在这个时间－空间网络中，我们

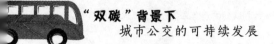

定义充能时间 t_i^z 为 i 型公交的固定值。生成这个时间－空间网络是为了通过一组约束集来满足公交充能的需要，如下所述。本节参数的定义参照了第五章第三节的参数定义。各个公交时间－空间网络 $\hat{G}(V^b, A_i^b)$ 用式（5.18）～式（5.21）表示。

（二）数学公式

通过运用与本章第三节第一部分第一点和第二小点中相同的乘客网络，多车型多车站车辆行车计划编制问题时间－空间网络公式可以表述如下：

（P2）

$$\min_{\hat{Y}, W, X} \sum_{i \in I, n \in N_i} \sum_{j \in O^b} V_i^1 Y_{in}^{jk} + \sum_{i \in I, n \in N_i} \sum_{j, k \in V^b} (C_i + E_i) q_i^{jk} Y_{in}^{jk} +$$

$$\sum_{i \in I, g \in F} V_i^2 W_{ig} + \sum_{(j,k) \in A^d \setminus D_2^d} V_s^{jk} \sum_{d \in R} X_d^{jk} +$$

$$\sum_{(j,k) \in D_2^d, k \in U^d} V_u^{jk} \sum_{d \in R} X_d^{jk} \tag{5.23}$$

公交网络约束：

$$\begin{cases} u_i^{jk} = 1 & \forall j \in O^b, k \in T^b \\ u_i^{jk} = 1 & \forall j \in T^b, k \in O^b \\ u_i^{jk} = 1 & \forall j \in T^b \cup F, k \in \{k \in T^b \mid \tau_k^i = \tau_i^i + t^{jk}\} \end{cases} \tag{5.24}$$

客运网络约束：

$$\begin{cases} r_d^{jk} = 1 & \forall d \in R, j \in O^d, k \in T_1^d \\ r_d^{jk} = 1 & \forall d \in R, j \in T_2^d, k \in O^d, (j,k) \in D_2^d \\ r_d^{jk} = 1 & \forall d \in R, j \in T^d \setminus T_2^d, k \in U^d, (j,k) \in D_2^d \\ r_d^{jk} = 1 & \forall d \in R, j \in T^d, (j,k) \in A^d \setminus D_2^d \end{cases} \tag{5.25}$$

公交连接约束：

$$\sum_{j:(j,k) \in A_i^b} Y_{in}^{jk} - \sum_{p:(k,p) \in A_i^b} Y_{in}^{kp} = 0$$

$$\forall i \in I, n \in N_i, k \in V^b \setminus O^b \tag{5.26}$$

$$\sum_{i \in I, n \in N_i} \sum_{j:(j,k) \in A_i^b} Y_{in}^{jk} - \sum_{i \in I, n \in N_i} \sum_{p:(k,p) \in A_i^b} Y_{in}^{kp} = 0 \quad \forall k \in O^b \tag{5.27}$$

$$\sum_{n \in N_i} \sum_{j \in O^b} Y_{in}^{jk} \leqslant K_i \quad \forall i \in I, k \in T^b \tag{5.28}$$

$$\sum_{i \in I, n \in N_i} Y_{in}^{jk} \leqslant c^{jk} \quad \forall j, k \in V^b, j \neq k \tag{5.29}$$

乘客流动守恒约束：

$$\begin{cases} X_d^{jk} = B_d^j & \forall j \in O^d, k \in T^d, d \in R \\ \displaystyle\sum_{j:(j,k)\in A^d} X_d^{jk} - \sum_{p:(k,p)\in A^d} X_d^{kp} = 0 & \forall k \in T^d, d \in R \end{cases} \tag{5.30}$$

容量约束：

$$\sum_{d \in R} X_d^{jk} \leqslant \sum_{i \in I, n \in N_i} Y_{in}^{jk} \zeta_i \quad \forall (j,k) \in S^d \tag{5.31}$$

充能站约束：

$$\frac{1}{\bar{\omega}} \sum_{i \in I, n \in N_i} \sum_{j \in T^b} Y_{in}^{ig} \leqslant W_{ig} \quad \forall i \in I, g \in F \tag{5.32}$$

变量类型约束：

$$W, Y \in \text{binary}, X \in \text{integer} \tag{5.33}$$

充能约束：

$$\sum_{(j,k)\in A_{i,\pi}^b} q_i^{jk} Y_{in}^{jk} \leqslant \sigma Q_i + \sigma Q_i \Big(\sum_{j \in F,(j,k)\in A_i^{b,\pi}} Y_{in}^{jk} \Big)$$
$$\forall i \in I, n \in N_i, \forall \pi \in \Pi \tag{5.34}$$

$$\pi \leqslant \frac{(\sigma' + \sigma)Q_i}{\eta_i \upsilon \xi_t} \quad \forall i \in I, \pi \in \Pi \tag{5.35}$$

$N_i = \{1, 2, \cdots, K_i\}$ 是单辆 i 型公交在网络 $\hat{G}(V^b, A_i^b)$ 中的指数。在本方法中，与公交乘客流动相关的决策变量变为 $\hat{Y} = \{Y_{in}^{jk}\}$，即表明 i 型公交 n 在公交乘客流动网络 $\hat{G}(V^b, A_i^b)$ 是否会穿过弧 (j, k) 的二元变量。在这种方法中，其他两个变量保持不变，即 $W = \{W_{ig}\}$ 和 $X = \{X_d^{jk}\}$。

与时间-空间-能源网络不同，时间-空间网络不记录能源消耗。因此，我们定义了约束式（5.34）以捕捉充能需求，避免途中搁浅。首先，我们为弧集 A_i^b 做一个关于时间的新定义。$\Pi = \{1, 2, \cdots, \pi\}$ 为计划区间内的一组时间区间集。$A_{i,\pi}^b$ 表示在时间 π，$\pi \in \Pi$ 之前结束的一组弧集，而 $A_i^{b,\pi}$ 代表在时间 π，$\pi \in \Pi$ 之前开始的一组弧集。约束式（5.34）要求在每个时间点都必须满足行驶范围约束。对于 π，$\pi \in \Pi$ 的任何时间，式（5.34）左边计算了 $\hat{G}(V^b, A_i^b)$ 网络中每辆公交的累计能源消耗，并考虑了其在时间 π 及之前的服务弧、等待弧、空驶弧中的所有运动。式（5.34）右边定义了一辆公交在 $\hat{G}(V^b, A_i^b)$ 中的总能源可以在考虑安全行驶里程率的情况下从一开始用到时间 π。式（5.34）右边第一项表示 i 型公交开始日常运营时可以使用的初始能源，我们假设其在安全行驶里程率 σ 下会被加满。括号中的第二项计算了总充

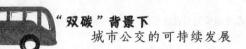
电次数，我们假设 σQ_i 能源值可以从每次充能中获得。因此约束式（5.34）要求累计能源消耗应小于或等于初始能源容量与充能获得的累计能源之和，从而保证一旦总能源消耗超过安全限制就会去充能。在这项研究中，每次充能获得的能源为 σ_i。

由于没有明确记录能源消耗，在某些极端情况下，即使满足了充能约束式（5.34），也可能会发生某些公交燃料耗尽的情况。理论上，一辆公交一开始加满油，并在运营期间在充能站额外加一次油，其最大行程应该与燃料含量 $2\sigma Q_i$ 有关。但如果在燃料完全耗尽之前过早充能，实际行程会缩短。尽管如此，可以保证的是，每次充能后，每辆公交都会有一个与 σQ_i 相关的里程数。ξ_t 为每个时间区间的持续时长。约束式（5.35）确保了公交在运营期间无论从充能站获得多少能源，都可以在里程范围内行驶。我们假设每辆公交在计划区间开始时都已充满能，并在时间 $\pi_1 \left(\pi_1 = \dfrac{\sigma'Q_i}{\eta_i v} \right)$ 后加满油。由于公交在充能后重新载满能量，因此它可以运行到 π_2 的一段时间，其中 $\pi_2 = \dfrac{\sigma Q_i}{\eta_i v}$。将最初充满能的公交和在运营期间充能的公交综合起来，可以保证公交在计划区间 $\pi \leqslant \dfrac{(\sigma' + \sigma)Q_i}{\eta_i v \xi_t}$ 不会耗尽能源，其中 π 在这里用 ξ_t 的整数倍表示。总之，这种替代公式能够解决行驶范围和充能问题，以及混合路线行程问题。此外，如果我们将网络中的时间区间定义为大于或等于公交充满能所需的时间，我们将获得与多车型多车站车辆行车计划编制问题时间－空间－能源网络相同的全局最优解，如以下命题所述。

命题 5.1 多车型多车站车辆行车计划编制问题时间－空间网络和多车型多车站车辆行车计划编制问题时间－空间－能源网络这两种方法在以下情况下是等效的：①计划区间在加满油公交的行程时间范围两倍以内；②网络时间区间大于或等于公交加满油所需的时间。

证明：我们首先讨论这两种生成网络的方法。正如我们在引理 1 中证明的那样，时间－空间网络是时间－空间－能源网络的一个特例，没有考虑能源标签，其中充能时间是一个与能源无关的参数。

假设网络的时间区间大于或等于加满油所需的时间，那么不考虑充能时间函数的形式，或向公交补充的燃料量，每次充能所需的时间都会始终为 1 个时间区间。在这种时间区间的设置下，就充能时间而言，时间－空间（TS）网络相当于没有能源标签的时间－空间－能源网络。

然后我们讨论模态公式。$\overrightarrow{Y_{in}^{jk}}$ 为表示 i 型公交 n 穿过弧 (j, k) 的二进制变

量，其中 $\sum\limits_{n}\widehat{Y_{in}^{jk}}=Y_i^{jk}$。方程式（5.1）到式（5.17）可以通过用 $\sum\limits_{n}\widehat{Y_{in}^{jk}}$ 代替 Y_i^{jk} 来重新表达。在上面时间区间的设置下，我们通过比较多车站车辆行车计划编制问题时间－空间网络的模态公式与多车站车辆行车计划编制问题时间－空间－能源网络重新更改的公式，就可以得出这一结论：式（5.23）到式（5.33）与式（5.1）到式（5.17）是相同的。

最后，我们讨论行驶范围和充能问题。与式（5.3）和式（5.4）所示，预先在网络中设置行驶范围充能约束的多车站车辆行车计划编制问题时间－空间－能源网络不同，多车型多车站车辆行车计划编制问题时间－空间网络是通过添加充能约束式（5.34）和式（5.35）来解决的问题。

第一个约束式（5.34）等同于在式（5.35）条件约束下的式（5.3）和式（5.4），表示了两个能源规则，即 $e_i^j+q_i^{jk}\leqslant\sigma Q_i$，$\forall j\in T^b\cup F$ 和 $e_i^j=0$，$\forall j\in F$。下面给出进一步的证明：

$\widehat{e_i^k}$ 为 i 型公交在节点 k 的累计能源消耗，并且所有公交在计划区间开始时都已加满燃料。

情况 1：对于任何节点 $k\in\{k\,|\,e_i^k\leqslant\sigma Q_i\}$，在运营期充能前，每辆公交的累计能源消耗可以在多车型多车站车辆行车计划编制问题时间－空间－能源网络中通过（5.3）计算得到：

$$\widehat{e_i^k}=e_i^k=q_i^{jk}\widehat{Y}_{in}^{jk}+e_i^j=q_i^{jk}\widehat{Y}_{in}^{jk}+(q_i^{pj}\widehat{Y}_{in}^{pj}+e_i^p)$$
$$=q_i^{jk}\widehat{Y}_{in}^{jk}+(q_i^{pj}\widehat{Y}_{in}^{pj}+\cdots+0)=\sum_{(j,k)\in A_{i,\tau_i^k}^b}q_i^{jk}\widehat{Y}_{in}^{jk}\leqslant\sigma Q_i$$

同理，时间 $\pi=\tau_i^k$ 前的累计能源消耗可以在多车型多车站车辆行车计划编制问题时间－空间网络中通过式（5.34）计算得到：

$$\sum_{(j,k)\in A_{i,\tau_i^k}^b}q_i^{jk}Y_{in}^{jk}\leqslant\sigma Q_i\quad\forall i\in I,n\in N_i$$

因此，两种公式的行驶约束是相同的。

情况 2：对于任何节点 $k\in\{k\,|\,e_i^k\leqslant\sigma Q_i\}$，在运行过程中的第一次充能和第二次充能之间，$k'\in\{k'\,|\,e_i^{k'}\leqslant\sigma Q_i,\ k'+1\in F\}$ 为第一次充能前的最后一个节点，每辆公交的累计能源消耗可以在多车型多车站车辆行车计划编制问题时间－空间－能源网络中通过式（5.3）和式（5.4）计算得到：

$$\widehat{e_i^k}=e_i^k+e_i^{k'}=(q_i^{jk}\widehat{Y_{in}^{jk}}+e_i^j)+(q_i^{j'k'}\widehat{Y_{in}^{j'k'}}+e_i^{j'})$$
$$=[q_i^{jk}\widehat{Y_{in}^{jk}}+(q_i^{pj}\widehat{Y_{in}^{pj}}+e_i^p)]+[q_i^{j'k'}\widehat{Y_{in}^{j'k'}}+(q_i^{p'j'}\widehat{Y_{in}^{p'j'}}+e_i^{p'})]$$
$$=[q_i^{jk}\widehat{Y_{in}^{jk}}+(q_i^{pj}\widehat{Y_{in}^{pj}}+\cdots+0)]+[q_i^{j'k'}\widehat{Y_{in}^{j'k'}}+(q_i^{p'j'}\widehat{Y_{in}^{p'j'}}+\cdots+0)]$$

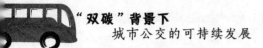

$$= (q_i^{jk} \overline{Y}_{in}^{jk} + q_i^{pj} \overline{Y}_{in}^{pj} + \cdots + q_i^{qk'} \overline{Y}_{in}^{qk'} + q_i^{j'k'} \overline{Y}_{in}^{j'k'} + q_i^{p'j'} \overline{Y}_{in}^{p'j'} + \cdots + 0)$$

$$= \sum_{(j,k) \in A_{i,\tau_i^k}^b} q_i^{jk} \overline{Y}_{in}^{jk} \leqslant \sigma Q_i + e_i^{k'} \tag{5.36}$$

同理，每辆公交在时间 $\pi = \tau_i^k$ 之前的累计能源消耗在多车型多车站车辆行车计划编制问题时间-空间网络中可以通过式（5.34）计算得出：

$$\sum_{(j,k) \in A_{i,\tau_i^k}^b} q_i^{jk} Y_{in}^{jk} \leqslant \sigma Q_i + \sigma Q_i$$

$$\forall i \in I, n \in N_i, \quad \sum_{j \in F,(j,k) \in A_{i,\tau_i^k}^b} Y_{in}^{jk} = 1 \tag{5.37}$$

通过比较式（5.36）和式（5.37），只有右边第二项不同。根据式（5.35），计划区间内的时间区间不应超过 $\pi \in \left\{ \pi \mid \pi \leqslant \dfrac{(\sigma' + \sigma)Q_i}{\eta_i \upsilon \xi_t} \right\}$，因此每辆公交的累计能源消耗应小于或等于 $(\sigma' + \sigma)Q_i$。对于多车型多车站车辆行车计划编制问题时间-空间网络的式（5.37），我们可以得出：

$$\sum_{(j,k) \in A_{i,\tau_i^k}^b} q_i^{jk} Y_{in}^{jk} \leqslant (\sigma' + \sigma)Q_i$$

$$\forall i \in I, n \in N_i, \quad \sum_{j \in F,(j,k) \in A_{i,\tau_i^k}^b} Y_{in}^{jk} = 1$$

根据（5.21），其中 $\tau_i^{k'} \geqslant \dfrac{\sigma' Q_i}{\eta_i \upsilon}$，我们得出：

$$\sum_{(j,k) \in A_{i,\tau_i^k}^b} q_i^{jk} Y_{in}^{jk} \leqslant (\sigma' + \sigma)Q_i = \sigma' Q_i + \sigma Q_i$$

$$\leqslant \sigma Q_i + \eta_i \upsilon \tau_i^{k'} = \sigma Q_i + e_i^{k'}$$

因此，对于情况 2 的两个公式，其行程范围和充能约束相同。

情况 3：根据式（5.35），公交可以在累计能源消耗限制在 $(\sigma' + \sigma)Q_i$ 的情况下行驶。因此，在最优情况下不会发生第三次充能。

综上所述，当时间区间大于或等于加满油所需的时间时，通过多车型多车站车辆行车计划编制问题时间-空间网络公式可以得到一个与 MD-MVT-VSP-TSE 公式一样的全局最优解。

第四节　混合车型公交车队管理问题精确求解实例

一、小样本示例

为了证明解决方案的可行性和最优性，我们安排了一个包含四个车站、四个总站和四个充电站的小样本案例。请注意，P1 和 P2 是混合整数线性规划，我们使用 IBM ILOG CPLEX Optimization Studio 12.4 进行求解，没有用到一条线程。计划区间由 6 个 30 min 的区间组成。为简单起见，我们假设乘客在每个时间区间的开始时间到达。如表 5-1 所示，出现 3 个起点—终点需求。4 对起点—终点的行程距离显示在表 5-2 且平均车速为 23.5km/h（香港运输署，2014）①。在这个小样本案例中没有考虑车辆质量和速度的相应调整参数。每个总站设置 4 个候选电动公交充电站和 4 个候选车站。

表 5-1　小样本案例随时间变化的起点—终点需求数据

起点—终点	1	2	3	4	5	6
1（A—B）	72	0	0	0	0	0
2（B—A）	0	0	2	0	0	0
3（C—D）	0	0	0	0	0	0
4（D—C）	0	0	0	70	0	0

表 5-2　小样本案例的行驶距离（km）

起点—终点	1	2	3	4
1	0	10.0	0.8	12.0
2	10.0	0	12.0	0.5
3	0.8	12.0	0	10.0
4	12.0	0.5	10.0	0

---

①　香港运输署：《2014 年度交通文摘》，https：//www.td.gov.hk/mini＿site/atd/2014/index.html。

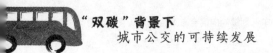

对于本研究中的中国香港案例，我们使用遵循英国标准的外部成本。表5-3显示了不同能源对应的公交排放因子，以及车辆相关排放的外部成本。请注意，我们在本研究中考虑了为电动公交发电的间接排放。公交的属性和其他参数，如运营成本、采购成本，显示在表5-4。值得注意的是，对于第一种方法，电动公交的充电时间被假设为关于能源消耗的线性函数，该函数未来可以扩展到任何形式。在这个小样本案例中，设电动公交充满电的时间为30min，则充电时间函数为：$f(e_i^i) = \dfrac{30}{\sigma Q_i} e_i^i = \dfrac{30}{0.8 \times 230} e_i^i = 0.163 e_i^i$。拥有公交的固定成本是指购买成本，而充电站的固定成本是指建设成本。两者都需要转化为计划区间的当量值。在这个小样本案例中，为了对此加以说明，我们假设向电动公交提供40%的补贴以提高其财务可行性。同时，我们假设电动公交的能源容量为16kW·h，安全续驶里程率为100%。对于每个公交总站的每个时间区间，能源消耗以4kW·h的能源分为5个等级。据Li和Ouyang（2011）估计，中国充电站每年分期偿还的建设成本为7500美元。1个时间区间（30min）的乘客时间价值为0.3美元。需求丢失的惩罚值为每位乘客10美元。

表5-3　公交排放因子和车辆相关排放的外部成本

排放因子	CO_2	CO	THC	NO_x
柴油（g/L）[①]	2600.32	5.57	2.71	24.20
电动 [g/（kW·h）]	867.60[②]	0.00	0.00	0.00
外部成本（美元/g）[③]	0.000023	0.000520	0.001019	0.003613

① Pelkmans L，De Keukeleere D，Lenaers G：Emissions and fuel consumption of natural gas powered city buses versus diesel buses in real－city traffic，https：//www. researchgate. net/profile/Luc－Pelkmans/publication/267971187 _ Emissions _ and _ fuel _ consumption _ of _ natural _ gas _ powered _ city _ buses _ versus _ diesel _ buses _ in _ real－_ city _ traffic/links/54bcd8540cf24e50e9409a95/Emissions－and－fuel－consumption－of－natural－gas－powered－city－buses－versus－diesel－buses－in－real－city－traffic. pdf.

② Doucette R T，McCulloch M D：Modeling the CO_2 emissions from battery electric vehicles given the power generation mixes of different countries，https：//www. sciencedirect. com/science/article/abs/pii/S0301421510008050.

③ Cen X，Lo H K，Li L：A framework for estimating traffic emissions：The development of Passenger Car Emission Unit，https：//www. sciencedirect. com/science/article/abs/pii/S1361920916000225.

表 5—4　不同公交类型的参数设置

公交类别	电动公交	柴油公交
寿命（年）	12①	17②
能源容量	230kW·h③	350L④
能源消耗率	1.2kW·h/km⑤	0.63L/km⑥
充能时间（min）	30	10
载客量	72③	71③
外部成本	0.020 美元/(kW·h)	0.15 美元/L
运营成本	0.16 美元/(kW·h)⑦	1.27 美元/L⑧
采购成本（美元）	790000⑨	321143⑧

　　我们使用本章第三节提出的两种方法对这个小样本案例展开了两个实验。结果表明，从多车型多车站车辆行车计划编制问题时间－空间－能源网络到多车型多车站车辆行车计划编制问题时间－空间网络，变量数量显著减少了70%，相当于计算时间减少了83%。此外，如果我们将能源设为1kW·h，则

---

　　① Chicago Transit Authority，http://www.transitchicago.com/electricbus/.

　　② Legislative Council of Hong Kong：LCQ14：Establishment of low emission zones for buses，http://www.info.gov.hk/gia/general/201411/12/P201411120473.htm.

　　③ 香港巴士大典，https://hkbus.fandom.com/wiki/%E9%9B%BB%E5%8B%95%E5%B7%B4%E5%A3%AB。

　　④ 香港巴士大典，https://hkbus.fandom.com/wiki/Enviro500/%E5%9F%8E%E5%B7%B4。

　　⑤ Nylund N O，Koponen K：Fuel and technology alternatives for buses，http://www.indiaenvironmentportal.org.in/content/363835/fuel－and－technology－alternatives－for－buses－overall－energy－efficiency－and－emission－performance/.

　　⑥ Pelkmans L，De Keukeleere D，Lenaers G：Emissions and fuel consumption of natural gas powered city buses versus diesel buses in real－city traffic，https://www.researchgate.net/profile/Luc－Pelkmans/publication/267971187_Emissions_and_fuel_consumption_of_natural_gas_powered_city_buses_versus_diesel_buses_in_real－_city_traffic/links/54bcd8540cf24e50e9409a95/Emissions－and－fuel－consumption－of－natural－gas－powered－city－buses－versus－diesel－buses－in－real－city－traffic.pdf.

　　⑦ Noel L，McCormack R：A cost benefit analysis of a V2G－capable electric school bus compared to a traditional diesel school bus，https://www.sciencedirect.com/science/article/abs/pii/S0306261914003420.

　　⑧ Dickens M，Neff J，Grisby D：APTA 2012 public transportation fact book，https://www.apta.com/wp－content/uploads/Resources/resources/statistics/Documents/FactBook/APTA_2012_Fact%20Book.pdf.

　　⑨ Clark N N，Zhen F，Wayne W S，et al：Transit bus life cycle cost and year 2007 emissions estimation，2007，No.FTA－WV－26－7004.

减少的变量数量高达 96%。从这两种方法获得的结果与预期相同。调度结果表明，需要 1 辆电动公交完成所有行程，中途充电一次。我们分别用 A、B、C、D 表示公交总站，车站用 O 表示，充能站用 RS 表示，旁边的数字表示时间区间。对于 O 和 RS，它们的下标指确切的车站或充能站标识。例如，A1 表示在时间 1 的 A 总站，$RS_4 3$ 表示在时间 3 的 ♯4 充能站，以及 O_1 为 ♯1 充能站。这辆电动公交的路径是 O_1—A1—B2—D3—$RS_4 3$—$RS_4 4$—D4—C5—O_1，如图 5-2（左）所示。通过对该问题进行求解，不仅可以确定充电站的位置（RS_4 在 D 总站），还可以精确确定充电时间（时间 3 到 4）。作为系统成本的重要组成部分，乘客的流动也得到了优化。对于每个起点—终点需求，乘客流动有三个可能的方向。乘客可以乘坐直达服务线、等待下一次服务行程，或绕行到附近的公交总站，并选取相似的服务行程到达目的地。图 5-2（右）显示了每个起点—终点需求的所有乘客流动。由于仅为 2 名乘客的需求开通从 B 到 A 的公交服务，成本效益很低，因此这 2 名乘客从 B 出发，绕行到 D，然后通过从 D 到 C 的服务行程，从 C 到 A。

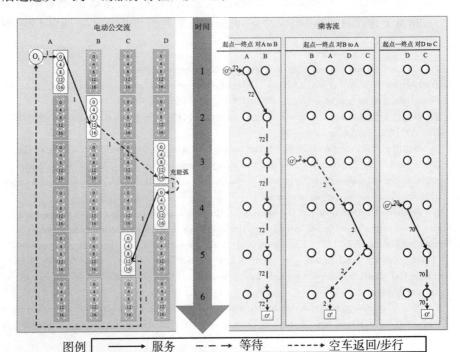

图 5-2　小样本案例的优化方案下公交和乘客的流量图

为了进一步说明这两种方法的求解特性，我们进行了一系列具有不同计划区间和安全行驶里程率的实验。由于与多车型多车站车辆行车计划编制问题时间－空间－能源网络公式相关的运算规模大，在将该公式应用于大型真实香港场景之前，我们先将这两种方法应用于具有四个总站（即总站 E、F、G、H）的简化香港场景，其起点—终点需求、行驶距离以及车辆质量和速度的调整参数如表 5－5 到表 5－7 所示。我们首先将计划区间从 3h 更改为 7h。能源水平以 2kW·h 的能源进行划分，安全续驶里程率为 80%，在每个公交总站的每个时间区间内产生了 92 个节点。结果显示在具有双 y 轴的图 5－3（上）。左侧 y 轴是涉及运营、排放和乘客成本百分比的成本构成，右侧 y 轴是用来计算时间的，其中 MD－MVT－VSP－TSE 和 MD－MVT－VSP－TS 曲线分别与多车型多车站车辆行车计划编制问题，其时间－空间－能源网络和多车型多车站车辆行车计划编制问题时间－空间网络公式有关。从图 5－3（上）可以看出，就最优成本而言，这两种方法的所有运算结果都与预期相同，但计算时间除外，计划区间更长的多车型多车站车辆行车计划编制问题，其时间－空间－能源网络的计算时间要长得多，某些情况下几乎长了 60 倍。

在电动公交调度中发挥重要作用的另一个关键因素是安全行驶里程率。在以往对车队管理的研究中，电动车辆的充电是根据一定的经验法则进行的，例如 Li（2013）提出的 80% 规则，即电动车辆在行驶距离与能源消耗之比达到最大行驶距离与能源容量之比的 80% 时需进行充电。问题是这个 80% 规则是否可行或有效。因此，我们在 40% 的政府补贴比例基础上，对从 30% 至 100% 的安全行驶里程率进行了敏感性分析。图 5－3（下）的结果表明在安全行驶里程率为 30% 的情况下，运营商将通过购买更多公交来降低乘客成本。然而，当安全行驶里程率超过 40% 时，公交车队将恢复正常水平，继而乘客成本降低。

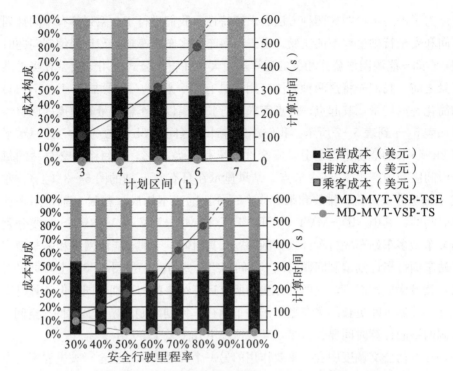

图5-3 计划区间/安全行驶里程率增加时的成本构成和计算时间

注意，当计划区间超过6h，或者安全行驶里程率超过80%时，多车型多车站车辆行车计划编制问题时间－空间－能源网络公式的运算规模变得太大，因为计算机内存不足，因此可能无法完成运算过程。我们进行了另一个实验来研究能源对解的影响，如图5-4所示。一方面，计算时间随着能源的累积而减少；另一方面，我们有趣地发现因为能源的离散化，系统成本没有单调递增，而是总体呈现上升趋势。

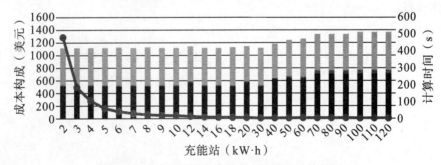

图5-4 随着能源变化的成本构成和计算时间

二、对现实公交网络的应用

(一) 网络数据采集

已经表明，简化的多车型多车站车辆行车计划编制问题时间−空间网络公式（没有明确地捕捉能源消耗）可以产生与完整的多车型多车站车辆行车计划编制问题时间−空间−能源网络公式媲美的解决方案，我们将简化的多车型多车站车辆行车计划编制问题时间−空间网络公式应用于现实中香港新世界第一巴士公司运营的九龙/新界香港公交网络（这对完整的多车型多车站车辆行车计划编制问题时间−空间−能源网络公式来说太大了）。我们考虑了白天 12h（8：00—20：00）中的 12 个公交总站，这 12 个小时以 30min 的时间区间进行划分，如图 5−5 所示。每对起点—终点有 24 个与时间相关的起点—终点需求，总计 288 个与时间相关的起点—终点需求，如图 5−5 所示。我们将计划区间的结束时间定义为最后一次服务行程的结束时间，这导致接近结束时间的起点—终点需求数量为零。所有起点—终点对的行程距离显示在表 5−6 中，其中车辆质量和速度的相应调整参数显示在表 5−7 中。我们在第一和第七起点—终点对（A 和 G）的出发总站分配了两个电动车候选充电站和两个候选车站；在未来的应用中这个假设可以很容易地进行扩展。电动公交最大允许车队规模设置为 38，其中柴油公交采用引理 1 中所述的简化时间−空间网络。其他参数遵循本章第四节第一部分中的相同的估算。

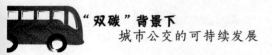
表5-5 随时间变化的起点—终点需求数据

起点—终点	8:00	8:30	9:00	9:30	10:00	10:30	11:00	11:30	12:00	12:30	13:00	13:30
1 (A—B)	20	20	20	20	21	29	56	94	112	97	67	42
2 (B—A)	20	20	20	20	21	27	47	76	89	78	55	36
3 (C—D)	48	102	179	214	184	124	73	45	34	30	30	30
4 (D—C)	10	10	10	10	10	12	19	29	33	29	22	15
5 (E—F)	40	40	40	40	40	45	58	77	86	78	63	51
6 (F—E)	10	11	17	37	66	79	68	45	26	16	11	10
7 (G—H)	20	20	20	20	20	25	38	57	66	58	43	31
8 (H—G)	30	30	30	30	30	30	30	31	37	57	86	99
9 (I—J)	191	218	195	150	113	91	83	80	80	80	80	80
10 (J—I)	10	10	10	10	12	14	15	14	12	11	10	10
11 (K—L)	60	60	60	60	61	71	105	153	175	156	118	87
12 (L—K)	50	50	50	50	50	55	68	87	96	88	73	61

起点—终点	14:00	14:30	15:00	15:30	16:00	16:30	17:00	17:30	18:00	18:30	19:00	19:30
1 (A—B)	28	22	20	20	20	20	20	22	28	0	0	0
2 (B—A)	26	21	20	20	20	20	20	21	26	0	0	0
3 (C—D)	30	30	34	45	73	124	184	214	179	0	0	0
4 (D—C)	12	10	10	10	10	10	10	10	12	0	0	0

续表

起点—终点	14：00	14：30	15：00	15：30	16：00	16：30	17：00	17：30	18：00	18：30	19：00	19：30
5（E—F）	44	41	40	40	40	40	40	41	44	0	0	0
6（F—E）	10	10	10	10	11	16	26	45	68	0	0	0
7（G—H）	24	21	20	20	20	20	20	21	24	0	0	0
8（H—G）	88	65	46	36	31	30	30	30	30	0	0	0
9（I—J）	83	91	113	150	195	218	191	134	94	0	0	0
10（J—I）	10	10	10	10	10	10	10	11	12	0	0	0
11（K—L）	69	62	60	60	60	60	60	62	69	0	0	0
12（L—K）	54	51	50	50	50	50	50	51	54	0	0	0

表 5—6 行驶距离 （km）

起点/终点	1	2	3	4	5	6	7	8	9	10	11	12
1	0.0	25.0	4.1	10.5	2.0	13.4	0.8	11.2	3.0	25.6	4.3	15.6
2	26.0	0.0	22.2	11.7	19.8	11.8	18.6	17.6	18.6	2.3	22.2	2.3
3	3.3	22.5	0.0	25.4	1.9	20.6	4.0	11.3	5.5	19.6	0.0	19.6
4	10.6	11.6	25.7	0.0	12.6	5.2	11.4	18.8	14.3	9.6	14.0	9.6
5	2.0	19.8	2.2	13.5	0.0	20.7	1.5	9.8	5.4	17.8	2.5	17.8
6	13.1	9.0	17.1	5.0	21.0	0.0	13.8	19.6	13.7	6.8	17.1	6.8

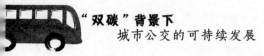
续表

起点/终点	1	2	3	4	5	6	7	8	9	10	11	12
7	0.9	19.7	3.5	12.1	1.7	14.2	0.0	14.5	2.5	18.0	3.5	18.0
8	11.7	18.0	12.0	16.6	10.3	18.4	15.6	0.0	12.2	18.6	12.0	18.6
9	3.8	20.3	6.2	13.8	4.7	14.4	1.9	11.8	0.0	18.4	6.2	18.4
10	25.6	2.0	19.8	9.5	17.6	8.9	17.1	17.9	19.3	0.0	19.8	0.0
11	3.3	22.5	0.0	14.2	2.7	20.6	4.0	11.3	5.5	19.6	0.0	19.6
12	15.6	2.0	19.8	9.5	17.6	8.9	17.1	17.9	18.4	0.0	19.8	0.0

来源：香港巴士大典，https://hkbus.fandom.com/wiki/%E4%B9%9D%E9%BE%8D%E5%BE%8D%E5%BB%8D%E5%B7%B4%E5%85%B7%B4%A3%AB。

表 5-7　车辆质量和速度的调度调整参数

起点—终点	8: 00	8: 30	9: 00	9: 30	10: 00	10: 30	11: 00	11: 30	12: 00	12: 30	13: 00	13: 30
γ_m^{jk}	1.0	1.0	1.1	1.1	1.1	1.0	1.0	1.0	1.0	1.0	1.0	1.0
γ_v^{jk}	1.0	1.0	1.1	1.1	1.1	1.0	1.0	1.0	1.0	1.0	1.0	1.0
起点—终点	14: 00	14: 30	15: 00	15: 30	16: 00	16: 30	17: 00	17: 30	18: 00	18: 30	19: 00	19: 30
γ_m^{jk}	1.0	1.0	1.0	1.0	1.0	1.0	1.1	1.1	1.1	1.1	1.0	1.0
γ_v^{jk}	1.0	1.0	1.0	1.0	1.0	1.0	1.1	1.1	1.1	1.0	1.0	1.0

来源：Pelkmans L, De Keukeleere D, Lenaers G: Emissions and fuel consumption of natural gas powered city buses versus diesel buses in real-city traffic, https://www.researchgate.net/profile/Luc-Pelkmans/publication/267971187_Emissions_and_fuel_consumption_of_natural_gas_powered_city_buses_versus_diesel_buses_in_real-city_traffic/links/54bcd8540cf24e50e9409a95/Emissions-and-fuel-consumption-of-natural-gas-powered-city-buses-versus-diesel-buses-in-real-city-traffic.pdf.

（二）结果

在本节中，我们分析了 80％安全续驶里程率 σ 下系统成本最小化的最优混合公交车队调度方案。结果表明，需要 20 辆电动公交和 13 辆柴油公交来满足所有需求，其最佳调度如表 5-8 所示。第一列为公交类型。公交的行驶路径显示在第二列，其中字母代表公交总站，数字代表时间区间。以第一辆电动公交为例，它从 2 号车站出发，在 1 号车站结束。它首先服务的是一次从 C 到 D 的起点—终点对，然后再完成从 G 和 H 的剩余服务行程，直到一天结束。在时间 16，该公交去充电站 2 充电。通过计算计划区间内服务时间的比例，第三列计算了每辆公交的使用率，平均为 67％。与单路线调度相比，我们惊喜地发现混合路线调度的效果要好得多，利用率提高了 11％。同时，车队规模大幅减少 20％，节省了 12％的运营成本和 9％的排放成本。随着网络规模的扩大，我们预计混合线路调度带来的收益可能会更大。

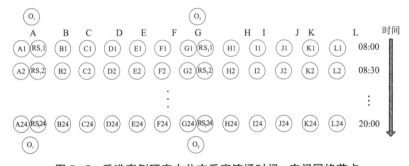

图 5-5　香港案例研究中公交乘客流通时间-空间网络节点

表 5-8　80％安全行驶里程率下无政府补贴的公交优化调度方案

公交类型	路径	利用率
电动	O_2—C4—D7—G8—H10—G12—H14—G16—$RS_2$16—$RS_2$17—G17—H19—G21—H23—O_1	71％
	O_1—C3—D6—A7—B10—A13—$RS_1$13—$RS_1$14—I15—J17　D18—C21—D24—O_1	71％
	O_1—L2—K4—L6—K8—L10—K12—$RS_2$13—$RS_2$14—K15—K16—L18—K20—L22—O_1	67％
	O_1—L1—K3—L5—K7—L9—K11—L13—$RS_1$14—$RS_1$15—A16—I17—J19—I21—J23—O_1	75％
	O_1—I3—J5—I7—J9—I11—J13—$RS_1$14—$RS_1$15—A16—I17—J19—I21—J23—O_1	67％

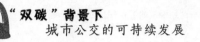

续表

公交类型	路径	利用率
电动	O_1—C4—D7—K9—L11—$RS_1$12—$RS_1$13—A14—I16—J18—I20—J22—O_1	46%
	O_1—E1—F3—E5—C6—D9—A10—B13—A16—$RS_1$16—$RS_1$17—I18—J20—F21—E23—O_2	71%
	O_1—I3—J5—F6—E8—F10—E12—H13—G15—H17—G19 $RS_2$19—$RS_2$20—C21—D24—O_1	71%
	O_1—D2—C5—D8—K10—L12—K14—L16—$RS_1$17—$RS_1$18—A19—B22—O_1	63%
	O_2—K2—L4—K6—L8—K10—L12—$RS_1$13—$RS_1$14—A15—C17—D20—A21—B24—O_2	67%
	O_1—I2—J4—I6—J8—I10—J12—I14—J16—$RS_1$18—$RS_1$19—C20—D23—O_1	71%
	O_1—I1—J3—I5—J7—B8—A11—B14—A17—$RS_1$17—$RS_1$18—C19—D22—O_1	75%
	O_2—C1—D4—G5—C6—D9—C12—D15—$RS_1$16—$RS_1$17—I18—J20—I22—J24—O_1	75%
	O_1—H1—G3—C4—D7—A8—B11—A14—$RS_1$14—$RS_1$15—I16—J18—F19—E21—F23—O_1	71%
	O_1—I2—J4—F5—E7—F9—E11—F13—$RS_1$15—$RS_1$16—K17—L19—K21—L23—O_1	67%
	O_1—B2—A5—E6—F8—E10—F12—E14—F16—$RS_2$17—$RS_2$18—G19—C20—D23—O_1	67%
	O_1—E2—F4—E6—C7—D10—H12—G14—H16—G18—$RS_2$18—$RS_2$19—C20—D23—O_1	67%
	O_1—I1—J3—B4—A7—E8—F10—E12—F14—$RS_2$15—$RS_2$16—G17—C18—D21—C24—O_2	71%
	O_2—K1—L3—K5—L7—K9—L11—$RS_1$12—$RS_1$13—A14—I15—J17—I19—J21—I23—O_2	75%
	O_1—L2—B3—A6—K7—L9—K11—L13—K15—L17—$RS_1$18—$RS_1$19—A20—C21—D24—O_1	67%

公交类型	路径	利用率
柴油	O₁—I2—J4—I6—J8—J9—I11—J13—J14—B15—B16—A19—C20—D23—O₁	67%
	O₁—I3—J5—J6—B7—A10—B13—B14—B15—L16—K18—E19—E20—F22—O₁	50%
	O₁—A3—B6—A9—B12—A15—A16—B19—A22—O₁	75%
	O₂—D8—G9—H11—G13—H15—G17—C18—D21—O₁	58%
	O₁—C2—D5—A6—B9—A12—A13—B16—L17—K19—L21—K23—O₂	75%
	O₁—E2—C3—D6—A7—C8—D11—D12—C15—D18—G19—H21—G23—O₂	67%
	O₁—E4—F6—F7—E9—F11—F12—F13—E15—F17—E19—F21—O₂	58%
	O₂—G1—H3—G5—G6—H8—G10—H12—G14—G15—G16—G17—G18—C19—D22—O₁	63%
	O₂—G2—H4—H5—G7—K8—L10—K12—L14—K16—E17—F19—F20—E22—O₂	67%
	O₂—G4—H6—G8—K9—L11—K13—L15—K17—K18—L20—K22—O₂	67%
	O₁—I1—J3—I5—J7—I9—J11—I13—J15—I17—I18—I19—J21—O₁	75%
	O₁—I4—J6—I8—J10—I12—J14—J15—J16—I18—J20—B21—A24—O₁	71%
	O₂—C4—D7—C10—D13—A14—A15—A16—B19—A22—O₁	63%

三、政府推动电动公交的政策探讨

(一) 电动公交采购补贴

在这项研究中，我们包括了为电动公交发电的 CO_2 排放。尽管其排放间接产生自发电，但从其道路路侧排放的角度，电动公交仍被认为是一种零排放的运输方式。同时，道路路侧排放的严重后果可能被低估了。据报道，2013年英格兰有 11490 人死于重度 NO_2 污染 (European Environmental Protection Agency，2016)。而 2016 年香港有 1508 人因空气污染过早死亡，直接造成的经济损失高达 23 亿美元 (达理指数，2016)[①]。因此，有必要促进电动公交的

---

① 达理指数：《经济损失历史数据》，http://hedleyindex.hku.hk/en/historical-data#。

使用。2016 年，香港政府拨款 2300 万美元资助专营公交公司购买 36 辆单层电动公交（Legislative Council of Hong Kong，2016）①，资助比例高达 80%。因此，我们在本节中调查了政府补贴对电动公交的影响。

对购买电动公交的五种不同补贴比例进行建模，从 10% 到 50% 不等，以研究其对公交车队结构和不同成本构成的影响，如图 5-6（上）所示。结果表明，正如预期的那样，政府补贴越高，被电动公交取代的柴油公交越多。在这种情况下，当补贴达到 30% 时，电动公交达到了最大车队规模，此后乘客成本和排放成本不会进一步降低。此外，由于电动公交的引入，排放量尤其是 NO_x 的排放量急剧下降，如图 5-6（下）所示。由于 NO_x 的排放量减少了 95% 以上，至少 1433 条生命得到了挽救，22 亿美元改善道路路侧空气质量的费用得到了节省（达理指数，2016）②。

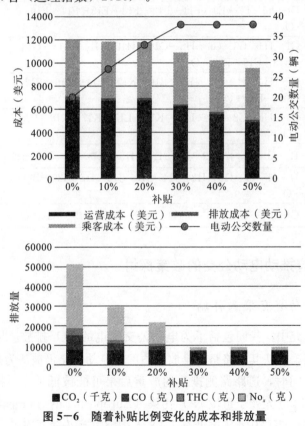

图 5-6　随着补贴比例变化的成本和排放量

① Legislative Council of Hong Kong：LCQ17：Promoting the wider use of electric buses，http://www.info.gov.hk/gia/general/201601/27/P201601270386.htm.
② 达理指数：《健康和结果历史数据》，http://hedleyindex.hku.hk/en/historical-data#。

（二）低排放区的通行费

低排放区涉及的排放收费计划，旨在鼓励使用更环保的车辆，该计划已在世界上许多城市例如伦敦、香港等实行。不符合规定排放标准的车辆将被收取费用，而符合排放标准的车辆可以免费进入低排放区。香港政府表示，由于专营公交占中央商务区车乘客流动的 40％，因此在 2015 年底前为专营公交设计了三个低排放区，以改善道路路侧空气质量（香港立法会，2014）。很少有研究明确考虑在低排放区内的公交调度问题；使用本研究中提出的两种方法可以对此类问题进行合理分析，如下所述，我们对低排放区的通行费设计进行了考量。

我们认为低排放区的通行费会根据一天的时间而变化。ψ_i^{jk} 为 $i \in I$ 型公交在低排放区中沿弧 (j, k) 行驶的通行费。这些问题可以分别重新表述为与多车型多车站车辆行车计划编制问题时间－空间－能源网络和多车型多车站车辆行车计划编制问题时间－空间网络方法相关的 P3 和 P4。

（P3）

$$\min_{W, X, Y} \sum_{i \in I} \sum_{j \in O^b} V_i^1 Y_i^{jk} + \sum_{i \in I} \sum_{j, k \in V^b} ((C_i + E_i) q_i^{jk} + \psi_i^{jk}) Y_i^{jk} +$$
$$\sum_{i \in I, g \in F} V_i^2 W_{ig} + \sum_{(j,k) \in A^d \setminus D_2^d} V_s^{jk} \sum_{d \in R} X_d^{jk} + \sum_{(j,k) \in D_2^d, k \in U^d} V_u^{jk} \sum_{d \in R} X_d^{jk}$$

约束条件为式（5.1）到式（5.8）和式（5.10）到式（5.17）；

（P4）

$$\min_{Y, W, X} \sum_{(i,n) \in U_j} \sum_{j \in O^b} V_i^1 Y_{in}^{jk} + \sum_{(i,n) \in U_j} \sum_{k \in V^b} ((C_i + E_i) q_i^{jk} + \psi_i^{jk}) Y_{in}^{jk} +$$
$$\sum_{i \in I, g \in F} V_i^2 W_{ig} + \sum_{(j,k) \in A^d \setminus D_2^d} V_s^{jk} \sum_{d \in R} X_d^{jk} + \sum_{(j,k) \in D_2^d, k \in U^d} V_u^{jk} \sum_{d \in R} X_d^{jk}$$

约束条件为式（5.24）到式（5.35）

假设四对起点—终点（EF、FE、GH、HG）穿过中心商业区（CBD），其中 8：00 到 9：00 和 13：30 到 14：30 时间段被定义为低排放区。我们进行了一组实验来研究将低排放区变成零排放区的最低通行费。结果表明，当每次驶入的通行费超过 22 美元时，低排放区将成为零排放区。由于通行费高到一定程度，柴油公交不会进入该区域。对于这种情况，我们以一辆电动公交的行驶路径来说明在零排放区内的公交调度，即 O_1—I3—J5—F6—E8—F10—E12—F14—$RS_1$15—$RS_1$16—A17—I18—J20—B21—A24—O_1，其中 E12—F14 表示通过零排放区的行程。综上所述，除政府补贴外，对低排放区实施通

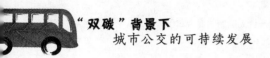

行费是另一项改善道路路侧排放的有效措施。

本章小结

在本研究中，我们在行驶范围和充能约束下阐述了多车型多车站车辆行车计划编制问题。公交服务协作和排放的外部成本被考虑在内，以产生一个具有成本效益和环境友好的公交调度方案。为了精确解决续航和充能问题，我们提出了一种新方法来为每种车型生成可行的公交时间−空间−能源网络。同时还生成了一个乘客时间−空间网络来表示乘客的流动。基于这两种可行的流量网络，我们提出了一个混合整数线性规划来寻找全局最优解，它给出了：①公交车队的规模及其组成；②最佳服务部署时间表，其描述了行程时间表以及车辆时间表；③充能站的位置；④每辆公交的路线，其中包括充能路线；⑤乘客流动；⑥系统总成本，包括运营商成本、乘客成本和排放的外部成本。为了计算效率，我们提出了一个基于公交时间−空间网络的简化公式，即基于时间−空间网络的多车型多车站车辆行车计划编制问题，以找到更大规模运算的近似解，其计算时间与前一种方法相比大大减少。此外，我们证明了通过使用基于时间−空间网络的多车型多车站车辆行车计划编制问题在以下情况下实现了全局最优性：①计划区间在加满油的公交出行时间范围两倍以内；②网络的时间区间大于或等于公交充满能所需的时间。

我们成功地将多车型多车站车辆行车计划编制问题模型应用于香港的实际公交网络中。结果表明，混合路线调度大大提高了公交的利用率。就政府对电动公交的补贴而言，结果显示 30％的补贴足以对将柴油公交替换为电动公交产生激励作用，从而使电动公交达到最大车队规模。本研究还证明了应用我们所提出的公式来解决收费低排放区的公交调度问题的有效性。

此外，我们对电动公交的安全行驶里程率进行了敏感性分析。电动公交的能源消耗或相关行驶里程在实际运行中受到很多不确定性的影响，这将对调度问题以及途中搁浅的风险产生重要影响。我们目前正在研究如何考虑调度问题的随机变化。最后，需求不确定下的公交调度问题是另一个可以进一步探索的方向。我们希望本研究提出的公式能成为研究这些重要问题的工具。

第六章　随机环境下混合车型公交车队
运营管理策略

第一节　引言

在本章中，我们用行驶里程不确定性下的多种车辆类型来阐述多车站的充能站选址−路径规划−调度问题，简称多车辆类型多车站充能站选址−路径规划−调度问题。行驶里程不确定性来自每次行程的随机能源消耗率。本研究考虑了两种类型的服务，即按照固定路线和时刻表运行的常规服务、临时服务，和由第三方或公交公司的备用空闲公交提供的服务，以解决因电动公交电池耗尽的偶然事件导致预期行程无法完成的情况。行驶里程不确定性下的多车辆类型多车站充能站选址−路径规划−调度问题可以表述为一个两阶段随机规划，其目标是使预期总系统成本最小化。常规服务的路径规划和调度充能站选址属于第一阶段决策，它考虑了电动公交随机行驶里程的影响。随机范围实现后，可以确定出第二阶段决策，即临时服务，以解决预期行程不完整的问题。预期总成本是通过对随机范围的概率分布进行积分来计算的，因此，第二阶段决策是第一阶段决策和随机范围实现的函数。一般来说，这个两阶段随机规划的最佳方案包括一个常规服务部署计划和一组为响应各个随机结果的临时服务。

以前关于电动公交调度的大多数研究都使用的是时间−空间网络来提出非线性程序，以求出近似解，而无须捕捉能源消耗作为显式变量。我们在第四章提出了一种不使用时间−空间网络来近似能源消耗的方法。以前的那些方法虽然简单得多，但是不能明确捕捉能源消耗，而能源消耗是本研究优化方案中需要考虑的一个主要变量。在我们的研究中，我们在图论框架中阐述了一个随机公交路线和调度问题，其基本思想已在第五章中提出，只是没有考虑随机因素。为了解决行驶里程不确定性并求解两阶段随机规划，我们提出了行驶里程可靠性的概念，其定义是：常规服务执行的路径规划和调度计划可以完成预期行程的概率。基于行驶里程可靠性的概念，我们提出了一个基于可靠性的两阶段随机规划。在第一阶段，我们阐述了在特定可靠性（即常规服务方案旨在一定行驶里程可靠性水平下完成预期行程）下的常规服务部署方案。通过第五章中的时间－空间－能源网络方法，我们最大限度地减少了运营商和乘客的成本，以及与排放相关的外部成本。我们向电动公交和柴油公交的混合车型公交车队分配了时间表和行程，并根据公交剩余能源水平对公交充能站进行定位。在这个阶段，可以通过求解相应的混合整数线性规划来实现全局最优性。例如，在执行了常规服务时间表后，某些电动公交的实际里程使其可能没有足够的能源来完成预期行程，即发生能源短缺，求助决策（即部署临时服务来完成没有完成的预期行程）的制定，是为了对这种情况进行补救，这通常比常规预期行程的单位成本更高。关键问题是在规划常规定期服务时确定出行驶里程可靠性的最佳水平，同时考虑为能源短缺时部署临时服务的预期成本。最佳行驶里程可靠性水平是在更充分利用常规公交车队的收益与能源短缺产生的预期额外成本之间进行适当地权衡，以便公交路线和调度方案在现实中既可靠又具有成本效益。在本研究中，我们假设每次行程的能源消耗率遵循不同的分布，即网络中存在多个行驶里程可靠性，因此公交的调度需对一组具有不同特定可靠性的能源消耗集合进行适应。除了提供一种将两阶段随机规划分解为混合整数线性规划的方法之外，正如我们在下面即将解释的，行驶里程可靠性是一个便于规划者和调度者的理解和交流的具有物理意义的概念。然后我们提出了一个基于梯度的求解程序来求解随机程序。

本研究的主要贡献是解决不确定行驶范围和充能约束下公交路线和调度的三个主要问题。第一个问题是不确定的行驶里程。本书通过随机规划方法制定了多车辆类型多车站充能站选址－路径规划－调度问题，并提出了一种基于行驶里程可靠性的梯度下降法来有效解决该问题。第二个问题是充能功能和策略形式的多样性。本书生成了一个适应性的时间－空间－能源网络，其可以处理任何形式的加油或充电策略（充满或部分充满），以及充能时间函数（线性或非线性）。因此，随着电池技术的进步，本研究中提出的公式也可以适时得到应用。第三个问题是基础设施部署，人们通常认为这是鸡与蛋的问题。本书同时考虑了车辆路线和调度，以及加油或充电站的位置问题，这称为充能站选址－路径规划－调度问题。为对此加以说明，我们将该方法应用于香港的现实公交网络，并取得了不错的结果。总而言之，本研究构建了一个在不确定范围和充能约束条件下的公交路径规划和车队调度框架，并同时对充能站进行了选址。

本章大纲如下：第二节描述问题。第三节介绍方法。第四节将该方法应用于一组香港公交线路集合。第五节为本章小节。

第二节　问题描述

本书在行驶里程不确定下的多车站多车型充能站选址－路径规划－调度问题（MM－LRSP）可以表述如下：对于给定的一组车站集和公交线路集，给定各对公交总站之间的行驶距离，可以确定不确定行驶里程下在计划区间内混合车型公交车队内公交的服务时间表和路线，以及配套的充能基础设施，从而最大限度地降低预期系统成本。预期系统成本包括常规服务的成本（其涉及运营商和乘客的成本，以及与排放相关的外部成本）以及某些公交能源短缺时的临时服务成本。在本研究中，我们只考虑始发站和终点站，不涉及中间停靠。不同于传统的公交路线和调度问题，由于并非所有需求都需要得到满足，因此本研究仅考虑了乘客等待和需求损失成本。多车辆类型多车站充能站选址－路径规划－调度问题不仅寻求从社会福利的角度平衡运营商和乘客之间的利益，而且寻求平衡更充分利用常规服务与为解决未完成预期行程而提供临时服务所产生的预期成本之间的利益。

如果每趟行程正好一次完成，每辆车执行一个可行的行程序列，其中每对连续行程可以按顺序执行，每辆车有足够的能源完成下一趟行程（即车辆在旅途中不会出现能源短缺，能源短缺只会发生在终点站），每辆车完成充能后再次投入使用，每辆车在其日常行程路线结束后返回它的起始车站，那么该车辆调度就是可行的。多车辆类型多车站车辆定位－路径规划－调度问题考虑的是使用替代能源的异构车队。由于每种车型都有自己的续航里程，因此每次出行都可以记录其能源消耗和能源容量，以确定必须去往充能站进行充能的特定时刻，以避免能源不足的问题。

为简单起见，我们假设给定每个起点－终点对的需求，并且每次行程的电动公交能源消耗率遵循预期的概率分布。

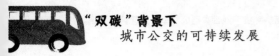

第三节 基于行驶里程可靠性的混合车型 公交车队运营管理优化模型

一、新型流量网络的生成

(一) 公交时间-空间-能源网络

我们为每种具有特定能源的车辆类型生成了一个可行的日常网络,以记录每辆公交的能源消耗。在公交时间-空间-能源网络中,每个节点代表了一个在特定时间、具有特定能源消耗水平的特定位置。时间按规定的时长划分为一组区间,能源消耗按能源划分为一组能级集合。通过记录每个节点的能源消耗,可以计算出剩余的行驶里程。然后通过连接相关公交类型的所有可能路线弧来构建网络。通过这种方式,此类时间-空间-能源公交网络不仅可以确保所有公交在其能源限制范围内行驶,显示出其充能需求,而且允许将混合线路公交行程纳入考量。

$I = \{1, 2, \cdots, i\}$ 是具有不同能源的公交类型的集合,且 $O = \{1, 2, \cdots, o\}$ 是一组车站集合。时间-空间-能源网络由图 $G(V, A_{io})$ 进行定义,如图 6-1 所示。V 表示节点集 $V = O \cup T \cup F$,其中 T 表示时间扩展公交总站的集合,F 表示时间扩展充能站的集合。A_{io} 是具有三个子集的弧集 [服务弧集 S_{io}、等待弧集 W_{io} 和空驶弧集 D_{io} (即车辆在不为任何乘客提供服务的情况下移动到目的地)],于是 $A_{io} = S_{io} \cup W_{io} \cup D_{io}$。每个服务弧表示在一组起点-终点对之间特定时间开始的、具有特定能源消耗水平的直接服务行程,而每个等待弧连接了同一总站的两个连续时间节点,同时保持相同的能源水平。每个空驶弧代表一趟如下行程:①从车站出发或去往车站;②换乘到另一个服务行程的始发总站;③从充能站出发或去往充能站。

d^{jk} 是从 j 到 k 的行驶距离,v 是平均行驶速度,且 η_i 是能源消耗率。行驶时间表示为 $t^{jk} = \dfrac{d^{jk}}{v}$。对于 i 型公交,Q_i 是能源容量,τ_i^j 是到达 j 的时间,e_i^j 是到达节点 j 时的累计能源消耗。最后,我们定义一组指标集 $U = \{u_{io}^{jk}\}$,以显示弧 (j, k) 是否连接于网络 $G(V, A_{io})$ 中。i 型公交的时间-空间-能源网络$G(V，A_{io})$可以用以下等式表示：

$$u_{io}^{ok} = 1 \quad \forall k \in \{k \mid k \in T, e_i^k = d^{ok}\eta_i, e_i^k \leqslant \sigma Q_i\} \tag{6.1}$$

$$u_{io}^{jo} = 1 \quad \forall j \in \{j \mid j \in T, e_i^j > 0\},$$

$$o \in \{o \mid o \in O, \tau_i^o = \tau_i^j + t^{jo}, e_i^o = e_i^j + d^{jo}\eta_i, e_i^o \leqslant \sigma Q_i\} \tag{6.2}$$

$$u_{io}^{jk} = 1 \quad \forall j \in T \cup F_i,$$

$$k \in \{k \mid k \in T, \tau_i^k = \tau_i^j + t^{jk}, e_i^k = e_i^j + d^{jk}\eta_i, e_i^k \leqslant \sigma Q_i\} \tag{6.3}$$

$$u_{io}^{jf} = 1 \quad \forall j \in \{j \mid j \in T, \varphi Q_i \leqslant e_i^j\},$$

$$f \in \{f \mid f \in F_i, \tau_i^f = \tau_i^j + t^{jf} + t_i^r, e_i^j + d^{jf}\eta_i \leqslant \sigma Q_i, e_i^f = Q_i - \chi_i^r\} \tag{6.4}$$

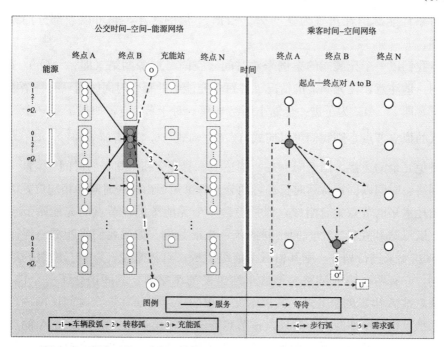

图6-1　公交时间-空间-能源网络（左）和乘客时间-空间网络（右）

设每个时间步和能源步的持续时间为ξ_t和ξ_e。我们首先计算每个节点的准确到达时间τ_i^k和累计能源消耗e_i^k，并将其代入网络中相应的时间区间和能源水平，即$\left[\frac{\tau_i^k}{\xi_t}\right]$和$\left[\frac{e_i^k}{\xi_e}\right]$。

约束式（6.1）和式（6.2）是指从车站出发或去往车站的空驶弧，其中弧流入总站节点且没有能源消耗，并从累积能源消耗大于零的节点流出。σ是用于规划的能源容量折减系数，即安全驾驶率（%），例如80%或90%，以避免运行中公交的能源耗竭。设F_i是i型的公交的时间扩展充能站集合。约束式

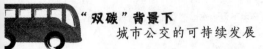

（6.3）定义了到公交总站的行程连通性，并计算了目的地节点的到达时间和累计能源消耗。同时，在安全驾驶率 σ 的保证下，最大能源容量不会被破坏，从而避免了能源不足的情况发生。正常情况下，所有低能级节点都可以连接到充能站。为了缩小网络规模，我们引入了启动充能率 φ 来定义启动充能所需的能源水平，例如 50%。如果消耗的能源低于 φQ_i，就不需要充能。因此，约束式（6.4）定义了访问充能站的连通性。t_i^r 是 i 型公交的充能时间（这是一个预期参数），它是累积能源消耗的函数，可以是线性的或非线性的。如果我们使用电池更换的充电技术，它则是一个固定值。χ_i^r 是 i 型公交的充能能源（这是一个与充能策略相关的预期参数）。约束式（6.4）还定义了充能过程，并将累计能源消耗重置为 $Q_i - \chi_i^r$。根据 χ_i^r 值的大小，它可以加部分油或加满油。

我们以一个充满能的案例来对时间—空间—能源网络（即 $\chi_i^r = Q_i$）予以说明。请注意，在充满能的情况下，每个充能站的每个时间区间只有一个能源水平，即 $e_i^r = 0$。为了进一步缩小网络规模，对于节点 j，如果 j 是一个没有流入的孤立节点，则我们可以向式（6.2）到式（6.4）增加条件 $\sum_{p \in V} u_{io}^{pj} > 0$，以避免冗余的连接。图 6-1（左）描述了 i 型公交和车站 o 的时间—空间—能源网络。时间以固定持续时长进行划分。每个矩形由同一时间和相同位置的能源消耗水平的节点集合组成，但只包含一个无能源消耗节点的充能站节点除外。以总站 B 在第二个时间区间的灰色矩形为例；如果我们将能源消耗以能源 $\sigma Q_i / 4$ 来进行划分，则其由五个能级组成。具体来说，以第二能级的节点为例，它有两个输入链路：①从车站出发的车站弧，其间消耗了一个能级；②从总站 A 出发的服务弧，其表示此行程的持续时长在一个时间区间内，能源水平也在 1 个能源内。另外，该节点有五个输出链路：①到总站 A 的服务弧，该弧在总站 A 的第三个时间区间流入了第三个节点；②一个时间区间后到达相同能级节点的等待弧；③到达车站的车站弧；④到达另一服务行程始发总站的换乘弧；⑤到达充能站的充能弧。

（二）乘客时间—空间网络

乘客时间—空间网络由一批图 $G(V^d, A^d)$ 进行定义，其中 d 指属于起点—终点对集合的特定起点—终点对 R。V^d 是节点的集合，$V^d = O^d \cup T^d \cup U^d$，其中 O^d 表示一组服务需求集，U^d 为一组未满足的需求集。T^d 是时间扩展公交总站集，我们进一步表示 T_1^d 为时间扩展的始发站集，T_2^d 为对于起点—终点对 d 的时间扩展终点站集。A^d 是具有四个子集的弧集（服务弧集 S^d、等待弧集 W^d、步行弧集 D_1^d、需求弧集 D_2^d），有 $A^d = S^d \cup W^d \cup D_1^d \cup D_2^d$。需求弧可以进一步分为两种类型：从 T_2^d 中最后一个节点出发到节点 O^d 的需求满足弧、从 $T^d \setminus T_2^d$ 中的节点出发到 U^d 的需求损失弧。每条服务弧表示特定时间的乘客旅程，其弧成本为乘客的出行时间成本。r_d^{jk} 为一个指标，指示弧 (j,k) 是否连接于网络 $G(V^d, A^d)$ 中。乘客流动时间－空间网络构建如下：

$$r_d^{jk} = 1 \quad \forall d \in R, j \in T_2^d, k \in O^d, (j,k) \in D_2^d \tag{6.5}$$

$$r_d^{jk} = 1 \quad \forall d \in R, j \in T^d \setminus T_2^d, k \in U^d, (j,k) \in D_2^d \tag{6.6}$$

$$r_d^{jk} = 1 \quad \forall d \in R, j \in T^d, (j,k) \in A^d \setminus D_2^d \tag{6.7}$$

图 6-1（右）说明了有一对起点—终点的乘客流动时间－空间网络。该网络使乘客能够以替代路径完成他们的行程。他们既可以选择直达服务，也可以绕行到其他公交总站乘坐类似的线路。注意只有流向终点站的乘客流动才能流入 O^d；否则，其将被标记为丢失的需求并流入 U^d。例如，对于上部的灰色圆圈，它有一个输入链路，即总站 A 从最后一个时间区间出发的等待弧，以及四个输出链路：①到总站 B 的服务弧；②到同一总站的等待弧；③到总站 B 以外的另一总站的步行弧；④到需求损失节点 U^d 的需求弧，其表示乘客不选择公交服务。对于下部的灰色圆圈，有 3 个输入链路和 1 个输出链路，其中流出的乘客流动到达需求满足的节点 O^d，表示乘客完成了从 A 到 B 的行程。

二、两阶段随机规划模型

在本研究中，我们认为行驶里程的不确定性直接来源于遵循一定概率分布的随机能源消耗率。在行驶里程不确定的情况下，随机公式将考虑两种类型的服务，即按固定时间表运行的常规服务和临时服务，后者是为了解决某些公交能源短缺而导致预期行程无法完成的问题。通过使用两阶段随机规划语言，混合车型公交车队在不同随机范围场景下的路径规划和调度构成了第一阶段的决策，而解决不完整预期行程问题所需的临时服务是第二阶段的决策，它仅在某些公交出现能源短缺时触发。然而，第一阶段决策的选择需考虑到第二阶段的影响，这是因为经第二阶段价值函数的衡量，可以计算得出第一阶段做出特定决策所带来的预期成本。换句话说，在确定常规服务时，必须考虑因能源短缺而产生的预期成本。一方面，如果解决能源短缺的成本较低，则让小型车队提供常规服务也未尝不可；另一方面，如果解决能源短缺的成本很高，则可能需

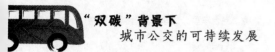

要规模更大的车队来提供常规服务以适应范围的不确定性,其代价是有时无法充分利用公交的能源容量。

我们的目标是通过路径规划和调度常规服务并部署临时服务以处理在一定能源消耗下某些公交出现能源短缺的情况,从而使系统的预期总成本最小化。在本书中,随机能源消耗遵循一定的连续概率分布,因此可以通过能源消耗实现的积分函数来计算临时服务和常规服务在能源消耗概率分布上的预期成本。在这项研究中,我们采用情景模拟的方法来阐述第二阶段的问题,从而估算出预期成本。h 是能源消耗实现的指标,其中 $h \in H$。每个场景 $h \in H$ 生成的概率 p_h 相等,其中 $\sum_{h \in H} p_h = 1$。$\eta_{i,h}^{jk}$ 为场景 h 中链接 (j, k) 上 i 型公交的实现能源消耗率。

$X = \{X_d^{jk}\}$ 为实变量集,表示对于乘客流动网络 $G(V^d, A^d)$ 中的起点—终点对 d,从节点 j 到节点 k 的乘客流动。$Y = \{Y_{io}^{jk}\}$ 为整数变量集,表示在公交乘客流动网络 $G(V, A_{io})$ 中从节点 j 到节点 k 的公交乘客流动。$W = \{W_{ig}\}$ 是一组二元变量,指示 i 型公交的充能站 g 是否正在使用中。$Z = \{Z_h^{jk}\}$ 是一组整数变量集,表示情景 h 下从节点 j 到节点 k 的临时服务公交乘客流动。

对于每位乘客,V_s^{jk} 为弧 (j, k) 上单位乘客的货币成本,其中 $(j, k) \in A^d \setminus D_2^d$。具体来说,可以为每个弧分配不同的成本。我们认为不同类型的弧(即服务弧、等待弧、步行弧)的成本是不同的。对于在计划区间结束时未得到服务的乘客,V_u^{jk} 表示对每位乘客未满足需求的罚款。对于公交运营商,V_i^1 和 V_i^2 分别为计划区间内充能站所有和常规服务的单位固定成本。C_i 为与燃料和维护成本相关的单位能源消耗运营成本,E_i 为常规服务的单位外部排放成本。z 是提供临时服务的公交类型。C_z 和 E_z 是相应临时服务的成本。类似地,η_z^{jk} 是链路 (j, k) 上临时服务的能源消耗率。K_i 是允许的最大车队规模,B_d^j 为在起点—终点对 d 上节点 j 的乘客需求。ζ_i 和 ζ_z 分别是 i 型常规公交和临时公交的容量。设 $S_{i,h}^d$ 是在场景 h 下恢复正常运行之前,需要由临时服务替换执行的未完成预期行程。多车辆类型多车站车辆定位—路径规划—调度问题可以表示为 P1。

(P1)

$$\min_{W, X, Y, Z} \psi = \sum_{(j,k) \in A^d \setminus D_2^d} V_s^{jk} \sum_{d \in R} X_d^{jk} + \sum_{(j,k) \in D_2^d, k \in U^d} V_u^{jk} \sum_{d \in R} X_d^{jk} +$$

$$\sum_{i \in I, g \in F_i} V_i^1 W_{ig} + \sum_{i \in I} \sum_{o \in O} V_i^2 Y_{io}^{ok} + \sum_{h \in H} p_h Q_{1,h}(\eta_{i,h}) +$$

$$\sum_{h \in H} p_h \, Q_{2,h}(W,X,Y,\eta_{i,h}) \tag{6.8}$$

约束条件:

公交网络约束:

$$
\begin{cases}
u_{io}^{ok} = 1 \quad \forall k \in \{k \,|\, k \in T, e_i^k = d^{ok}\,\eta_i, e_i^k \leqslant \sigma\,Q_i\} \\[4pt]
\quad u_{io}^{jo} = 1 \quad \forall j \in \{j \,|\, j \in T, e_i^j > 0\}, \\[4pt]
o \in \{o \,|\, o \in O, \tau_i^o = \tau_i^j + t^{jo}, e_i^o = e_i^j + d^{jo}\,\eta_i, e_i^o \leqslant \sigma\,Q_i\} \\[4pt]
\quad u_{io}^{jk} = 1 \quad \forall j \in T \cup F_i, \\[4pt]
k \in \{k \,|\, k \in T, \tau_i^k = \tau_i^j + t^{jk}, e_i^k = e_i^j + d^{jk}\,\eta_i, e_i^k \leqslant \sigma\,Q_i\} \\[4pt]
\quad u_{io}^{jf} = 1 \quad \forall j \in \{j \,|\, j \in T, \varphi\,Q_i \leqslant e_i^j\}, \\[4pt]
f \in \{f \,|\, f \in F_i, \tau_i^f = \tau_i^j + t^{jf} + t_i^r, e_i^j + d^{jf}\,\eta_i \leqslant \sigma\,Q_i, e_i^f = Q_i - \chi_i^r\}
\end{cases} \tag{6.9}
$$

客运网络约束:

$$
\begin{cases}
r_d^{jk} = 1 \quad \forall d \in R, j \in T_2^d, k \in O^d, (j,k) \in D_2^d \\[4pt]
r_d^{jk} = 1 \quad \forall d \in R, j \in T^d \setminus T_2^d, k \in U^d, (j,k) \in D_2^d \\[4pt]
r_d^{jk} = 1 \quad \forall d \in R, j \in T^d, (j,k) \in A^d \setminus D_2^d \\[4pt]
\min_{W,X,Y,Z} \psi = \sum_{(j,k) \in A^d \setminus D_2^d} V_s^{jk} \sum_{d \in R} X_d^{jk} + \sum_{(j,k) \in D_2^d, k \in U^d} V_u^{jk} \sum_{d \in R} X_d^{jk} + \\[4pt]
\qquad \sum_{i \in I, g \in F_i} V_i^1\,W_{ig} + \sum_{i \in I} \sum_{o \in O} V_i^2 Y_{io}^{ok} + \sum_{h \in H} p_h\,Q_{1,h}(\eta_{i,h}) + \\[4pt]
\qquad \sum_{h \in H} p_h\,Q_{2,h}(W,X,Y,\eta_{i,h})
\end{cases} \tag{6.10}
$$

公交连接约束:

$$\sum_{j:(j,k) \in A_{io}} Y_{io}^{jk} - \sum_{p:(k,p) \in A_{io}} Y_{io}^{kp} = 0 \quad \forall i \in I, o \in O \tag{6.11}$$

$$\sum_{j \in O} Y_{io}^{ok} \leqslant K_i \quad \forall i \in I, k \in T \tag{6.12}$$

乘客流动守恒约束:

$$\sum_{p:(k,p) \in A^d} X_d^{kp} = B_d^k + \sum_{j:(j,k) \in W^d} X_d^{jk} \quad \forall k \in T_1^d, d \in R \tag{6.13}$$

$$\sum_{p:(k,p) \in A^d} X_d^{kp} = \sum_{j:(j,k) \in A^d} X_d^{jk} \quad \forall k \in T^d \setminus T_1^d, d \in R \tag{6.14}$$

$$\sum_{p_1:(p_1,p_2) \in D_2^d} X_d^{p_1 p_2} + \sum_{k_1:(k_1,k_2) \in D_2^d} X_d^{k_1 k_2} = \sum_{j \in T_1^d B_d^j}$$

$$\forall p_2 \in O^d, k_2 \in U^d, d \in R \tag{6.15}$$

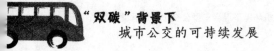
$$(1-\beta)X_d^{jp} = \beta X_d^{jk} \quad \forall j \in T^d \setminus T_2^d, (j,k) \in W^d, (j,p) \in D_2^d, d \in R \tag{6.16}$$

容量约束：

$$\sum_{d \in R} X_d^{jk} \leqslant \sum_{i \in I} \sum_{o \in O} Y_{io}^{jk} \zeta_i \quad \forall (j,k) \in S^d \tag{6.17}$$

充能站约束：

$$\frac{1}{\bar{\omega}} \sum_{o \in O} \sum_{j:\langle j,k \rangle \in D_{io}} \sum_{k \in F_{ig}} Y_{io}^{jk} \leqslant W_{ig} \quad \forall i \in I, g \in F_i \tag{6.18}$$

变量类型：

$$W \in [0,1], X \in \mathbf{R}_0^+, Y \in \mathbf{N} \tag{6.19}$$

其中

$$Q_{1,h}(\eta_{i,h}) = \sum_{i \in I} \sum_{o \in O} \sum_{\langle j,k \rangle \in A_{io}} (C_i + E_i) d^{jk} \eta_{i,h}^{jk} Y_{io}^{jk} \tag{6.20}$$

和

$$Q_{2,h}(W,X,Y,\eta_{j,h}) = \min_z (C_z + E_z) \sum_{(j,k) \in A_{io}} d^{jk} \eta_z^{jk} Z_h^{jk} \tag{6.21}$$

行程替代约束：

$$Z_h^{jk} \zeta_z \geqslant \sum_{d \in R} X_d^{jk} \quad \forall (j,k) \in S_{i,h}^d, h \in H \tag{6.22}$$

变量类型：

$$Z \in \mathbf{N} \tag{6.23}$$

通过部署常规服务以及在需要时提供临时服务，目标函数式（6.8）将预期总系统成本降至了最低。需要注意的是，常规服务的预期运营和排放成本与随机能源消耗相关，因此我们在各个情况下对其进行了计算，如式（6.20）所示。式（6.21）定义了各个情景下处理能源短缺的成本，这称为临时公交的运营成本和排放成本。本研究不包括运营商的收入或向乘客收取的票价。约束式（6.11）使常规服务的公交乘客流动守恒。约束式（6.12）确保了使用中的 i 型公交不会超过允许的最大车队规模。通过分配乘客需求，约束条件式（6.13）到式（6.15）建立了乘客流动守恒。约束式（6.16）记录了乘客等待期间的需求损失，其中 β 表示一个时间区间内的需求损失率。约束式（6.17）确保了总乘客量受制于公交容量。F_{ig} 是 i 型公交充能站 g 的时间扩展节点集。约束式（6.18）激活了充能行程，其中 $\bar{\omega}$ 表示一个极大正数。约束式（6.22）保证了临时服务在能源短缺时能够满足所有需求。

P1 属于两阶段随机规划的标准形式。第一阶段和第二阶段决策相互影响，使问题难以解决。一般而言，这类两阶段随机规划可以通过本德斯分解法

(Benders' Decomposition) 或其变体来求解，例如 L 形方法或多切割方法，其中涉及向求解过程的每次迭代添加约束以切割可行的区域，这样会导致运算量或约束大小随着求解过程的迭代而大幅增加，使问题最终无法解决。为了提高计算效率，在本研究中，我们通过引入行驶里程可靠性的概念，为随机能源消耗公交服务网络设计提出了公式，如下一节所述。这种基于行驶里程可靠性的公式，与 Lo 等（2013）所提出的公式类似，没有在求解过程中引入削减或额外约束。由于在求解过程中保持了运算规模不变，该方法大大提高了计算效率，这也被 Lo 等（2013）证实。

三、基于行驶里程可靠性的随机规划模型

续航里程的不确定性来源于每次出行的能源消耗不确定性。本研究引入了行驶里程可靠性的概念，其定义为常规服务可以覆盖预期行程的概率，以解耦相互交织的两阶段决策。从 Lo 等（2013）、An 和 Lo（2014、2015 和 2016），以及 Ma 等（2016）的研究中可以找到构思这类随机程序的类似方法。特别是，Lo 等（2013）确定了所提出的基于可靠性的公式（将在下面详述）与上述原始两阶段随机规划 P1 就其可行区域而言是可互换的。也就是说，原始两阶段随机规划中的任何最优解都可以在这个基于行驶里程可靠性公式的可行域中找到，这样就不会遗漏任何最优解。行驶里程可靠性的引入将原本相互交织的两阶段随机问题 P1 分离为两个可以独立解决的可分离问题，从而显著提高计算效率。

可以想象，高里程可靠性意味着公交在现实中很少超过指定的里程，这是因为公交在能源量不太低时就充了能，或者为了调度和路线规划而选择了更短的里程。其结果是需要更大规模的公交车队和更多的充能设施。另外，低里程可靠性意味着在现实的规划过程中经常超出所选择的指定里程，从而频繁促使需要成本高昂的临时服务来应对能源短缺导致预期行程未完成的情况。显然，两者都是不可取的。关键问题是确定出最佳行驶里程可靠性水平，以便在某些公交能源短缺的情况下提供适当的方法来平衡充分利用常规公交服务的收益和提供临时服务的预期成本。因此，行驶里程可靠性水平将常规服务和临时服务之间的交互内部化，使系统的预期总成本最小化，并且让常规服务具有一定的可靠性水平，以对冲行驶里程的不确定性。

ρ_i^{jk} 为行驶里程可靠性，ρ_i^{jk} 的集合为 ρ。设 Φ_i^{jk} 为公交 i 在链路 (j, k) 上的随机能源消耗率累积分布函数。能源消耗率为 $\bar{\eta}_i^{jk}$，如果计划行程可以保证

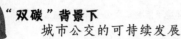
在此消耗率下由常规服务覆盖，则其公式如下，

$$\bar{\eta}_i^{jk} = \Phi_i^{-1jk}(\rho_i^{jk})$$

由此得出了一种涉及基于指定行驶里程可靠性 ρ 的混合车型公交车队路径规划和调度常规服务部署方案，该方案被称为基于行驶里程可靠性的随机程序第一阶段问题：

（P2）第一阶段问题

$$\min_{W,X,Y} Q_1 = \sum_{(j,k)\in A^d \setminus D_2^d} V_s^{jk} \sum_{d\in R} X_d^{jk} + \sum_{(j,k)\in D_2^d, k\in U^d} V_u^{jk} \sum_{d\in R} X_d^{jk} + \sum_{i\in I, g\in F_i} V_i^1 W_{ig} +$$

$$\sum_{i\in I}\sum_{o\in O} V_i^2 Y_{io}^{ok} + \sum_{i\in I}\sum_{o\in O}\sum_{(j,k)\in A_{io}} (C_i + E_i) d^{jk} \bar{\eta}_i^{jk} Y_{io}^{jk} \qquad (6.24)$$

约束条件：

公交网络约束：

$$\begin{cases} \bar{\eta}_i^{jk} = \Phi_i^{-1jk}(\rho_i^{jk}) \\ u_{io}^{ok} = 1 \quad \forall k \in \{k \,|\, k \in T, e_i^k = d^{ok}\,\eta_i, e_i^k \leqslant \sigma Q_i\} \\ \quad u_{io}^{jo} = 1 \quad \forall j \in \{j \,|\, j \in T, e_i^j > 0\}, \\ o \in \{o \,|\, o \in O, \tau_i^o = \tau_i^i + t^{jo}, e_i^o = e_i^j + d^{jo}\,\eta_i, e_i^o \leqslant \sigma Q_i\} \\ \quad u_{io}^{jk} = 1 \quad \forall j \in T \cup F_i, \\ k \in \{k \,|\, k \in T, \tau_i^k = \tau_i^i + t^{jk}, e_i^k = e_i^j + d^{jk}\,\eta_i, e_i^k \leqslant \sigma Q_i\} \\ \quad u_{io}^{jf} = 1 \quad \forall j \in \{j \,|\, j \in T, \varphi Q_i \leqslant e_i^j\}, \\ f \in \{f \,|\, f \in F_i, \tau_i^f = \tau_i^i + t^{jf} + t_i^r, e_i^j + d^{jf}\,\eta_i \leqslant \sigma Q_i, e_i^f = Q_i - \chi_i^r\} \end{cases}$$

$$(6.25)$$

客运网络约束：

$$\begin{cases} r_d^{jk} = 1 \quad \forall d \in R, j \in T_2^d, k \in O^d, (j,k) \in D_2^d \\ r_d^{jk} = 1 \quad \forall d \in R, j \in T^d \setminus T_2^d, k \in U^d, (j,k) \in D_2^d \\ r_d^{jk} = 1 \quad \forall d \in R, j \in T^d, (j,k) \in A^d \setminus D_2^d \\ \min_{W,X,Y,Z} \psi = \sum_{(j,k)\in A^d \setminus D_2^d} V_s^{jk} \sum_{d\in R} X_d^{jk} + \sum_{(j,k)\in D_2^d, k\in U^d} V_u^{jk} \sum_{d\in R} X_d^{jk} + \\ \qquad \sum_{i\in I, g\in F_i} V_i^1 W_{ig} + \sum_{i\in I}\sum_{o\in O} V_i^2 Y_{io}^{ok} + \sum_{h\in H} p_h Q_{1,h}(\eta_{i,h}) + \\ \qquad \sum_{h\in H} p_h Q_{2,h}(W, X, Y, \eta_{i,h}) \end{cases}$$

$$(6.26)$$

公交连接约束：

$$\sum_{j:(j,k)\in A_{io}} Y_{io}^{jk} - \sum_{p:(k,p)\in A_{io}} Y_{io}^{kp} = 0 \quad \forall i \in I, o \in O \tag{6.27}$$

$$\sum_{j\in O} Y_{io}^{ok} \leqslant K_i \quad \forall i \in I, k \in T \tag{6.28}$$

乘客流动守恒约束：

$$\sum_{p:(k,p)\in A^d} X_d^{kp} = B_d^k + \sum_{j:(j,k)\in W^d} X_d^{jk} \quad \forall k \in T_1^d, d \in R \tag{6.29}$$

$$\sum_{p:(k,p)\in A^d} X_d^{kp} = \sum_{j:(j,k)\in A^d} X_d^{jk} \quad \forall k \in T^d \setminus T_1^d, d \in R \tag{6.30}$$

$$\sum_{p_1:(p_1,p_2)\in D_2^d} X_d^{p_1 p_2} + \sum_{k_1:(k_1,k_2)\in D_2^d} X_d^{k_1 k_2} = \sum_{j\in T_1^d} B_d^j$$

$$\forall p_2 \in O^d, k_2 \in U^d, d \in R \tag{6.31}$$

$$(1-\beta)X_d^{jp} = \beta X_d^{jk} \quad \forall j \in T^d \setminus T_2^d, (j,k) \in W^d, (j,p) \in D_2^d, d \in R \tag{6.32}$$

容量约束：

$$\sum_{d\in R} X_d^{jk} \leqslant \sum_{i\in I}\sum_{o\in O} Y_{io}^{jk} \zeta_i \quad \forall (j,k) \in S^d \tag{6.33}$$

充能站约束：

$$\frac{1}{\bar{\omega}} \sum_{o\in O}\sum_{j:(j,k)\in D_{io}}\sum_{k\in F_{ig}} Y_{io}^{jk} \leqslant W_{ig} \quad \forall i \in I, g \in F_i \tag{6.34}$$

变量类型：

$$W \in [0,1], X \in \mathbf{R}_0^+, Y \in \mathbf{N} \tag{6.35}$$

P2 构成一个混合整数线性规划。通过指定行驶里程可靠性，P2 产生了一个最优常规服务部署方案 W，X，Y，其中如果公交能源消耗都低于与 ρ 有关的指定里程，则在不需要临时服务的情况下就可以满足所有需求。

在第二阶段，在一定能源消耗和行驶里程下，可以利用临时服务来解决预期行程不完整的问题。基于 P2 中确定的最优常规服务部署方案 W，X，Y，可以通过求解第二阶段问题 P3 来获得临时服务部署，以针对各个随机场景用最小成本来解决预期行程未完成的问题，如下所示。

（P3）第二阶段问题

$$\min_z Q_{2,h} = (C_z + E_z) \sum_{(j,k)\in A_{io}} d^{jk} \eta_z^{jk} Z_h^{jk} \tag{6.36}$$

约束条件：

公交网络约束：

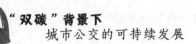

$$\begin{cases} \eta_{i,h}^{jk} & \\ u_{io}^{ok} = 1 & \forall k \in \{k \mid k \in T, e_i^k = d^{ok}\,\eta_i, e_i^k \leqslant \sigma Q_i\} \\ \quad u_{io}^{jo} = 1 & \forall j \in \{j \mid j \in T, e_i^j > 0\}, \\ o \in \{o \mid o \in O, \tau_i^o = \tau_i^j + t^{jo}, e_i^o = e_i^j + d^{jo}\,\eta_i, e_i^o \leqslant \sigma Q_i\} \\ \quad u_{io}^{jk} = 1 & \forall j \in T \cup F_i, \\ k \in \{k \mid k \in T, \tau_i^k = \tau_i^j + t^{jk}, e_i^k = e_i^j + d^{jk}\,\eta_i, e_i^k \leqslant \sigma Q_i\} \\ \quad u_{io}^{jf} = 1 & \forall j \in \{j \mid j \in T, \varphi Q_i \leqslant e_i^j\}, \\ f \in \{f \mid f \in F_i, \tau_i^f = \tau_i^j + t^{jf} + t_i^r, e_i^j + d^{jf}\,\eta_i \leqslant \sigma Q_i, e_i^f = Q_i - \chi_i^r\} \end{cases}$$
$$(6.37)$$

行程替代约束：

$$Z_h^{jk}\,\zeta_z \geqslant \sum_{d \in R} X_d^{jk} \quad \forall (j,k) \in S_{i,h}^d, h \in H \tag{6.38}$$

变量类型：

$$Z \in \mathbf{N} \tag{6.39}$$

P3 是针对场景 h 进行求解的混合整数线性规划。通过求解所有的 $h \in H$ 场景，解决能源短缺问题的预期成本可用以下等式并根据生成的场景来确定：

$$Q_2(\rho) = \sum_{h \in H} p_h\,Q_{2,h} \tag{6.40}$$

由于常规服务的运营和排放成本与公交的随机能源消耗相关，因此我们将第二项替换为式（6.24）的特定能源消耗和式（6.41）的预期成本。将这两个阶段合并，基于行驶里程可靠性的随机公式目标函数可以表述为：

$$\min_{W,X,Y,Z,\rho} \psi = \Bigg\{ \sum_{(j,k) \in A^d \setminus D_2^d} V_s^{jk} \sum_{d \in R} X_d^{jk} + \sum_{(j,k) \in D_2^d, k \in U^d} V_u^{jk} \sum_{d \in R} X_d^{jk} +$$
$$\sum_{i \in I, g \in F_i} V_i^1\,W_{ig} + \sum_{i \in I} \sum_{o \in O} V_i^2 Y_{io}^{ok} +$$
$$\sum_{h \in H p_h} \Big(\sum_{i \in I} \sum_{o \in O} \sum_{\langle j,k \rangle \in A_{io}} (C_i + E_i) d^{jk}\,\eta_{i,h}^{jk} Y_{io}^{jk} \Big) \Bigg\} + Q_2(\rho)$$
$$(6.41)$$

请注意，常规服务成本部分，即运营和排放成本，与随机能源消耗相关。因此，我们可以根据固定行驶里程可靠性 ρ 下的 P2 最优解来计算预期常规服务成本。式（6.41）右边大括号中给出了常规服务预期成本，最后一项通过求解 P3 计算了解决能源短缺问题的临时服务的预期成本。目标函数式（6.41）旨在确定最佳行驶里程可靠性 ρ，以尽量减少常规服务成本和为应对能源短缺的预期成本。下面我们将提出一种基于梯度的求解算法来解决两阶段随机问题。

四、基于行驶里程可靠性的梯度下降求解算法

基于行驶里程可靠性的梯度下降法旨在寻找下降方向以逐渐降低总预期成本，直到获得局部最优解，即相对于距离可靠性的零成本导数。由于 W，X，Y 的离散性，我们可以根据 ρ 来找出目标函数的下降方向。注意由于决策变量不是连续的，所以无法对关于 ρ 的偏导数 ψ 进行分析计算。因此，我们采用扰动分析来寻找偏导数。

我们首先定义可行域 ρ，即 $\rho \in [0, 1]$。然后我们提出了一个线搜索程序来优化 ρ。在给定一个初始点 $\rho = (\rho_i^{jk})$ 的情况下，该算法的总体思路如下：①通过求解 P2 和 P3 求出系统总成本；②通过计算与 ρ 相关的目标函数偏导数，找到下降方向并更新值 ρ；③重复前两步，直到满足停止条件。n 为迭代次数，Ω 为解的集合。总体框架概述如下：

步骤 0：初始化

设 $n = 1$，$\Omega = \varnothing$。

初始化 $\rho_n = (\rho_n^1, \rho_n^2, \cdots, \rho_n^N)$，其中上标 N 是 ρ 中元素的数量。

步骤 1：更新解的集合 Ω

求解 P2 以找到基于 ρ_n 的最优 W_n，X_n，Y_n。

检查是否 W_n，X_n，$Y_n \in \Omega$：

　　——是。将 $\psi(\rho_n)$ 定义为对应的目标函数值。

　　——否。针对所有场景重复求解 P3 并通过添加 $(W_n, X_n, Y_n, \psi(\rho_n))$ 更新 Ω。

更新（6.41）的最小目标函数值并将其保存为 ψ^*。

步骤 2：检查终止条件

是否 $|\psi(\rho_n) - \psi(\rho_{n-1})| < \varepsilon_1$：

　　——是。如果 $\psi(\rho_n) - \psi^* < \varepsilon_2$，停止。否则，设 $\nu_n = \lambda_1$。转到步骤 3。

　　——否。设 $\nu_n = 1$。转到步骤 3。

步骤 3：确定最优 ρ

步骤 3.1：计算关于 ρ^m 的 $\psi(\rho_n)$ 整组敏感度，用向量 $\nabla \psi(\rho_n)$ 表示。设 $m = 1$。

步骤 3.1.1：设 $\rho_n^m = (\rho_n^1, \rho_n^2, \cdots, \rho_n^m + \delta^m, \cdots, \rho_n^N)$，其中 δ^m 是一个小正数，比如，$\delta^m = 0.1$。

步骤 3.1.2：计算关于 ρ_n^m 的偏导数 $\psi(\rho_n)$，直到 $m = N$。

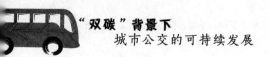

（a）如果$\rho_n^m+\delta^m$超出可行域ρ^m，转到（d）。否则，转到（b）。

（b）求解 P2 以找到基于ρ_n^m的最优W_n^m，X_n^m，Y_n^m。如果W_n^m，X_n^m，$Y_n^m\neq W_n$，X_n，Y_n，转到（c）。否则，设$\delta^m=\delta^m+0.1$。转到（d）。

（c）对所有场景重复求解 P3 得到$\psi(\rho_n^m)$。计算ρ_n的灵敏度：

$$\frac{\Delta\psi(\rho_n)}{\Delta\rho^m}=\frac{\psi(\rho_n^m)-\psi(\rho_n)}{\rho^{m'}-\rho^m}$$

其中$\rho^{m'}=\rho^m+\delta^m$或者$\rho^{m'}=\rho^m-\delta^m$。设$m=m+1$。转到步骤3.1.1。

（d）设$\rho_n^m=(\rho_n^1,\rho_n^2,\cdots,\rho_n^m-\delta^m,\cdots,\rho_n^N)$。如果$\rho_n^m-\delta^m$小于可行域$\rho^m$，设灵敏度$\rho^m$为零。否则，转到（b）。

步骤3.2：计算κ_n：

$$\kappa_n=\nu_n\lambda_2\frac{\psi(\rho_n)-\lambda_3\psi^*}{\|\nabla\psi(\rho_n)\|^2}$$

其中$\|\nabla\psi(\rho_n)\|$表示欧几里得范数，λ_2表示迭代因变量，且$\lambda_3\psi^*$表示最小目标值的估算值。注意参数λ_1，λ_2，λ_3的值可以针对不同问题来具体指定，以提高效率。

步骤3.3：计算新的可靠性$\rho_{n+1}=\rho_n-\kappa_n\nabla\psi(\rho_n)$。将新的可靠性投射到可行域$\rho$上，并将其标记为$\rho'_{n+1}$。设$\rho_{n+1}=\rho'_{n+1}$。设$n=n+1$。转到步骤1。

第四节　基于行驶里程可靠性的混合车型公交车队运营管理问题精确求解实例

一、小样本示例

我们首先解决一个小型网络问题，以此来说明基于行驶里程可靠性的方法。如图6-2所示，网络由分为五个时间区间、代表两个总站（A和B）和两个车站（O_A和O_B）的节点集组成。每个车站有两个候选充电站。70名乘客分别产生了两个起点—终点需求，即在时间 1 从 A 到 B，在时间 2 从 B 到A。总站 A 和 B 之间的行驶距离为 10km。我们假设电动公交的能源容量为40kW·h，在这个小样本案例中采用完全充电的方式。为了充分利用能源容量，我们考虑了完整的续航里程。我们假设每次行程都在一个时间区间内完成，充电时间也是如此。由于能源消耗的不确定性，我们必须考虑两种情况。

如果从 A 到 B 和从 B 到 A 的两次服务行程的能源消耗等于或低于 40kW·h，则一辆电动公交可以在不充电的情况下为两次行程服务。除此以外，充电将在第二次行程之前进行，或者需要另一辆公交来完成剩余的行程，如图 6-2 所示。

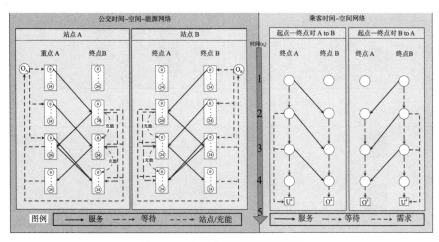

图 6-2 小样本案例的网络图示

为了说明和检验所提出的两阶段随机框架的性能，特别是在行驶里程不确定的情况下，我们在这里考虑一个极端情况，其中仅选择电动公交进行常规服务，并且乘客等待时间成本和需求损失罚款非常高，因此为避免巨大的等待和损失需求成本，应立即为所有乘客提供服务。电动公交网络因此简化为了图 6-3 中没有等待链接的四个小型网络。图 6-3（a）描述了当 $d^{AB}\eta_E^{AB}+d^{BA}\eta_E^{BA}$ $\leqslant Q_E$ 时两个车站的两个公交乘客流动网络，下标 E 表示电动公交车辆类型，其中图 6-3（b）描述了当 $d^{AB}\eta_E^{AB}+d^{BA}\eta_E^{BA}>Q_E$ 时的情况。设 RS 为充能站，下标表示其位置。t 是时间区间，t' 表示同一时间区间内的不同能级，这里具体指在 $t=2$ 和 3 的情况下。例如，定义节点 2 和 2' 处于同一时间 2，但具有不同的能级，而节点 RS_B3 代表在时间 3 位于总站 B 的充能站。假设公交以全满的能源开始每天的行程，就可以通过与特定能源消耗率 η_E^{i}（kW·h/km）相关的各公交以前的所有行程，计算得出每个节点的累计能源消耗。此外，如本章第三节所述，Y_{io}^{jk} 是在公交乘客流动网络 $G(V, A_{io})$ 中从节点 j 到节点 k 的公交乘客流动，e_i^j 是到达节点 j 时的累计能源消耗，τ_i^j 是到达时间 j。以图 6-3（a）左侧的网络为例，如果一辆公交从节点 1 行驶到节点 2，它的累积能源消耗就变为了 $d^{AB}\big[\rho_1(b_1-a_1)+a_1\big]$，其持续时间为 1。然后公交可以行驶到节点 3 或返回车站。

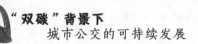

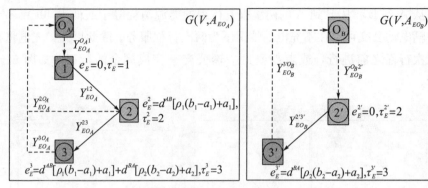

(a)当$d^{AB}[\rho_1(b_1-a_1)+a_1]+d^{BA}[\rho_2(b_2-a_2)+a_2]\leqslant Q_E$

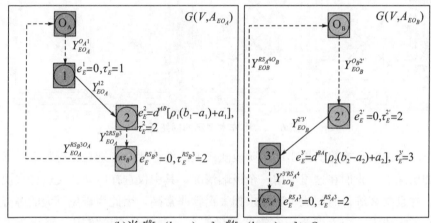

(b)当$d^{AB}[\rho_1(b_1-a_1)+a_1]+d^{BA}[\rho_2(b_2-a_2)+a_2]>Q_E$

图例 ➡服务弧 --➤ 空车弧 e：累计能耗 τ：到达时间 Y：公交流

■终点A ■终点B O：站点 RS：充能站 数字(1,2,3)：时间间隔

图6－3 简化的小样本示例

在这个小型案例中，我们为从 A 到 B 和从 B 到 A 的行程定义了两个随机能源消耗率，它们分别遵循着均匀分布 $\eta_E^{AB}\sim U(a_1，b_1)$ 和 $\eta_E^{AB}\sim U(a_2，b_2)$，其中 $a_1=1$，$b_1=3$，$a_2=1$，$b_2=4$（Pamula T. 和 Pamula W.，2020；Gallet 等，2018）。一个时间区间的乘客出行时间货币价值为 0.3 美元，单位等待价值和步行价值均为 30 美元。需求损失罚金为每位乘客 100 美元，需求损失率 β 简化为 0。公交的属性和其他参数，如运营成本、采购成本显示在表 6－1 中。我们假设柴油公交用于临时服务，并且用于临时服务的柴油公交单位成本是常规柴油公交单位成本的 10 倍。

表 6-1　不同公交类型的参数设置

公交类型	电动公交	柴油公交
寿命（年）	12[①]	17[②]
能源容量	230kW·h[③]	350L[④]
能源消耗率	1.5kW·h/km[⑤]	0.63L/km[⑥]
充能时间（min）	120	10
充能站建设成本（年）	7500[⑦]	—
载客量	72[③]	71[③]
外部成本	0.020 美元/(kW·h)[⑧]	1.13 美元/L[⑥]
运营成本	0.16 美元/(kW·h)[⑨]	1.27 美元/L[⑩]
采购成本（美元）	450000[⑪]	321143[⑫]

①　Chicago Transit Authority，http://www.transitchicago.com/electricbus/.

②　Legislative Council of Hong Kong：LCQ14：Establishment of low emission zones for buses，http://www.info.gov.hk/gia/general/201411/12/P201411120473.htm.

③　香港巴士大典，https://hkbus.fandom.com/wiki/％E9％9B％BB％E5％8B％95％E5％B7％B4％E5％A3％AB。

④　香港巴士大典，https://hkbus.fandom.com/wiki/Enviro500/％E5％9F％8E％E5％B7％B4。

⑤　Xylia M，Leduc S，Patrizio P，et al：Locating charging infrastructure for electric buses in Stockholm，Transportation research part C：emerging technologies 78，2017，183-200.

⑥　Pelkmans L，De Keukeleere D，Lenaers G：Emissions and fuel consumption of natural gas powered city buses versus diesel buses in real-city traffic，https://www.researchgate.net/profile/Luc-Pelkmans/publication/267971187_Emissions_and_fuel_consumption_of_natural_gas_powered_city_buses_versus_diesel_buses_in_real-_city_traffic/links/54bcd8540cf24e50e9409a95/Emissions-and-fuel-consumption-of-natural-gas-powered-city-buses-versus-diesel-buses-in-real-city-traffic.pdf.

⑦　Li Z，Ouyang M：The pricing of charging for electric vehicles in China—dilemma and solution，Energy，2011，36（9）：5765-5778.

⑧　European Community（EC）：Handbook on estimation of external costs in the transport sector，https://transport.ec.europa.eu/system/files/2016-09/2008_costs_handbook.pdf. Matthews H S，Hendrickson C，Horvath A：External costs of air emissions from transportation，Journal of infrastructure systems，2001，7（1）：13-17. Cen X，Lo H K，Li L：A framework for estimating traffic emissions：The development of Passenger Car Emission Unit，Transportation research part D：transport and environment，2016，44：78-92.

⑨　Noel L，McCormack R：A cost benefit analysis of a V2G-capable electric school bus compared to a traditional diesel school bus，Applied energy，2014，126：246-255.

⑩　Clark N N，Zhen F，Wayne W S，et al：Transit bus life cycle cost and year 2007 emissions estimation，2007，No. FTA-WV-26-7004.

⑪　Dickens M，Neff J，Grisby D：APTA 2012 public transportation fact book，https://www.apta.com/wp-content/uploads/Resources/resources/statistics/Documents/FactBook/APTA_2012_Fact％20Book.pdf.

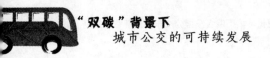
（一）基于行驶里程可靠性的随机公式

附录四中给出了这种情况下基于行驶里程可靠性的随机公式。第六章第三节中提出的算法可用于解决该小型案例。我们首先初始化(ρ_1,ρ_2)，解决优化常规服务部署方案的第一阶段问题(X,Y)。在第二阶段，我们采用了拉丁超立方抽样方法。我们先将两个均匀分布$\eta_E^{AB}\sim U(1,3)$和$\eta_E^{BA}\sim U(1,4)$等分为n个区间。每个区间由其平均值表示，其中每个分布有n个数据点，每个点的概率都为$\frac{1}{n}$。我们再通过枚举这两组离散能源消耗率集的所有可能组合，生成n^2个场景，每个场景都有相同的概率$\frac{1}{n^2}$。然后，我们针对每个随机范围场景，根据(W,X,Y)对第二阶段的问题进行n^2次求解，以获得临时服务的预期成本。之后，预期总系统成本由附录三公式（4）进行确定。最后，我们进行了一系列步长为0.1、不同初点从（0，0）到（1，1）的相关实验，以此来研究解的质量。结果显示在表6－2中第二行——基于行驶里程可靠性的梯度法解。

表6－2　三种方法的计算结果

类别	最佳可靠性	常规服务 $\left[\begin{array}{l} Y_{EO_A}^{O_A 1}，Y_{EO_B}^{O_B 2'}，Y_{EO_A}^{12}，Y_{EO_A}^{23}， \\ Y_{EO_B}^{2'3'}，Y_{EO_A}^{2O_A}，Y_{EO_A}^{2RS_B 3}，Y_{EO_A}^{3O_A}， \\ Y_{EO_A}^{RS_B 3O_A}，Y_{EO_B}^{3'O_B}，Y_{EO_B}^{3'RS_A 4}，Y_{EO_B}^{RS_A 4O_B} \end{array}\right]$， $(W_{EA}，W_{EB})$	系统总成本 （美元）
基于行驶里程可靠性的梯度方法解	(0.5，0.5)	(1, 1, 1, 0, 1, 0, 1, 0, 1, 0, 1, 1)， (1, 1)	83.68
基于行驶里程可靠性的精确解	(0.5，0.5)	(1, 1, 1, 0, 1, 0, 1, 0, 1, 0, 1, 1)， (1, 1)	83.68
原始的两阶段随机规划解	—	(1, 1, 1, 0, 1, 0, 1, 0, 1, 0, 1, 1)， (1, 1)	83.68

（二）基于行驶里程可靠性的精确解

为了验证从基于行驶里程可靠性的梯度下降法得出的解，我们以闭式表达式的方式阐述了第二阶段的问题，以下公式表示出了这个小型运算的精确解。附录五中给出了推导过程，表达式总结如下：

$$
\min_{W,X,Y,\rho} V_s(X_1^{12}+X_2^{23})+V_E^1(W_{EA}+W_{EB})+V_E^2(Y_{EO_A}^{O_A1}+Y_{EO_B}^{O_B2'})+
$$

$$
0.5(C_E+E_E)\left\{\begin{array}{l} d^{AB}\left(\dfrac{{b_1}^2-{a_1}^2}{b_1-a_1}\right)\left[Y_{EO_A}^{12}+(1-m_1)Y_{EO_B}^{3'O_B}+m_1Y_{EO_B}^{RS_A4O_B}\right]+ \\[2mm] d^{BA}\left(\dfrac{{b_2}^2-{a_2}^2}{b_2-a_2}\right)\left[Y_{EO_B}^{2'3'}+(1-m_1)(Y_{EO_A}^{23}+Y_{EO_A}^{2O_A})+m_1Y_{EO_A}^{RS_B3O_A}\right] \end{array}\right\}+
$$

$$
(C_z+E_z)d^{BA}\eta_z^{BA}\min\left(\left[\dfrac{X_1^{12}}{\zeta_z}\right],\left[\dfrac{X_2^{23}}{\zeta_z}\right]\right)(1-m_1)\left\{\begin{array}{l} \left[1-\dfrac{(a_1d^{AB}+a_2d^{BA}-Q_E)^2}{2(b_1-a_1)(b_2-a_2)d^{AB}d^{BA}}\right]+ \\[3mm] m_2\left[\dfrac{(a_1d^{AB}+b_2d^{BA}-Q_E)^2}{2(b_1-a_1)(b_2-a_2)d^{AB}d^{BA}}\right]+ \\[3mm] m_3\left[\dfrac{(b_1d^{AB}+a_2d^{BA}-Q_E)^2}{2(b_1-a_1)(b_2-a_2)d^{AB}d^{BA}}\right] \end{array}\right\}
$$

$$\tag{6.42}$$

约束条件：式（6.3）～式（6.16）。

$$
(m_1-0.5)(Q_E-d^{AB}[\rho_1(b_1-a_1)+a_1]-d^{BA}[\rho_2(b_2-a_2)+a_2])\leqslant 0
$$
$$\tag{6.43}$$

$$
(m_2-0.5)(a_1d^{AB}+b_2d^{BA}-Q_E)\leqslant 0 \tag{6.44}
$$

$$
(m_3-0.5)(b_1d^{AB}+a_2d^{BA}-Q_E)\leqslant 0 \tag{6.45}
$$

$$
m_1,m_2,m_3\in\{0,1\} \tag{6.46}
$$

m_1，m_2，m_3是二元变量。请注意，这些表达式只针对这个小型案例得出，以获得精确解，其中预期临时服务成本由能源消耗实现的积分函数表示，而并没有进行场景模拟。结果显示在表6-2第三行——基于行驶里程可靠性的精确解。

（三）结果

为了进行比较，利用小规模运算的优势，我们枚举了常规服务部署所有可能的组合，并求解了P1中的原始两阶段随机公式。我们使用所有可能的解，枚举了从（0，0，0，0，0，0，0，0，0，0，0，0）到（1，1，1，1，1，1，1，1，1，1，1，1）的（$Y_{EO_A}^{O_A1}$，$Y_{EO_B}^{O_B2'}$，$Y_{EO_A}^{12}$，$Y_{EO_A}^{23}$，$Y_{EO_B}^{2'3'}$，$Y_{EO_A}^{2O_A}$，$Y_{EO_A}^{2RS_B3}$，$Y_{EO_A}^{3O_A}$，$Y_{EO_A}^{RS_B3O_A}$，$Y_{EO_B}^{3'O_B}$，$Y_{EO_B}^{3'RS_A4}$，$Y_{EO_B}^{RS_A4O_B}$）、从（0，0）到（1，1）的（W_{EA}，W_{EB}）和从（0，0）到（70，70）的（X_1^{12}，X_2^{23}）常规服务变量，通过采用与第六章第四节相同的离散化方案，我们计算出了系统总成本。因此，我们可以保证获得的解是全局最优的。结果显示在表6-2第四行——原始两阶段随机规划解。由于该问题有多个解，因此表6-2中的"最佳可靠性"是最优解之

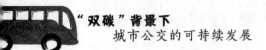

一。综上所述，通过采用基于行驶里程可靠性的梯度法、基于行驶里程可靠性的精确法和原始两阶段随机规划法这三种方法，得到了有相同系统总成本的相同常规服务部署方案。其结果也对基于行驶里程可靠性的梯度方法进行了清楚的验证。

在上述数值试验中，我们假设了常规服务由电动公交提供，从而清楚地说明我们所提出的方法是运用能源短缺的情况的。然而，这种仅由电动公交提供服务的假设不影响我们所提出模型的一般性。此外，为了检测我们所提出的方法在多种车型条件下的适用性，我们将电动公交和柴油公交都包括在常规服务中，并使用不同的电动公交和柴油公交参数设置，另外进行了几个场景的验证。结果表明，与上述纯电动公交情况下需要两辆电动公交（同时激活两个充电站）不同，由于此小样本示例中的行驶距离短，因此只需要一辆柴油公交（无充电站）就够了；系统总成本为 65.33 美元。最优解会受电动公交和柴油公交参数设置的影响。当柴油公交的购买成本增加到电动公交的近 3 倍时，其结果与表 6-2 相同，即在这个场景中需选择两辆电动公交来为常规服务提供服务。

二、对现实公交网络的应用

（一）网络数据采集

我们进一步将基于行驶里程可靠性的随机方法和梯度求解程序应用于由香港新世界第一巴士公司运营的九龙/新界的现实公交网络。

我们考虑将问题设定在白天 12h（7：00—19：00）内，有 6 条公交线路，以 1h 为一个区间进行间隔。为了证明这个时间区间持续时长的适当性，我们进行了敏感性分析并在附录六中给出了结果。这六个公交总站相互连接，其中包括调景岭公交总站（简称 A）、火炭公交总站（简称 B）、清水湾半岛公交总站（简称 C）、苏屋公交总站（简称 D）、将军澳公交总站（简称 E）和西贡公交总站（简称 F）。我们将计划区间的结束时间定义为最后一次服务行程的结束时间，这导致最后两个小时的起点—终点需求为零。因此，每个起点—终点对有 12 个与时间相关的起点—终点需求，总共有 72 个时间相关的起点—终点需求，如表 6-3 所示。对于更大规模的网络，我们假设电动公交的能源容量为 230kW·h，如表 6-1 所示。与小型案例类似，我们在计算最佳续航里程的可靠性和服务计划时，再次采用了完整的续航里程。此外，我们假设每次出行的电动公交的能源消耗率是一个随机变量，服从相同的均匀分布 $\eta^{\text{走}} \sim$

$U(a，b)$。为简单起见，我们假设变异系数（COV）（定义为标准偏差与平均值的比率）对于本研究中的所有能源消耗率都是相同的。当能源消耗率的平均值固定时，比如本研究为2.5，变异系数（COV）越大表示方差越大。具体来说，当变异系数（COV）等于0时，问题变得具有确定性。我们假设每个公交总站都有一个候选的电动汽车充电站，并且在公交总站（A和F）分配了两个候选车站。所有起点—终点对的行程距离显示于表6-4。在这种情况下，一个时间区间的乘客货币价值为0.18美元。公交的属性和其他参数，如运营成本、采购成本显示于表6-1。其他参数采用与本章第四节第一部分相同的值。在第二阶段，按照均匀分布 $\eta_{ig}^{k} \sim U(a，b)$ 生成了100个随机场景。

表6-3　随时间变化的起点—终点需求数据

起点—终点	7：00	8：00	9：00	10：00	11：00	12：00	13：00	14：00	15：00	16：00	17：00	18：00
1（A—B）	80	90	116	154	172	156	116	116	90	80	0	0
2（B—A）	10	11	17	37	66	79	68	45	26	16	0	0
3（C—D）	48	102	130	141	139	124	73	45	34	30	0	0
4（D—C）	20	20	20	20	20	24	38	58	66	58	0	0
5（E—F）	60	60	61	71	105	153	175	156	102	68	0	0
6（F—E）	50	50	50	50	50	55	68	87	96	88	0	0

表6-4　行驶距离（km）

起点/终点	1	2	3	4	5	6
1	0	25.0	2.0	13.4	0.8	11.2
2	26.0	0	19.8	11.8	25.6	17.6
3	2.0	19.8	0	20.7	1.5	9.8
4	13.1	9.0	21.0	0	13.8	19.6
5	0.9	24.7	1.7	14.2	0	14.5
6	11.7	18	10.3	18.4	15.6	0

来源：香港巴士大典，https：//hkbus. fandom. com/wiki/％E4％B9％9D％E9％BE％8D％E5％B7％B4％E5％A3％AB。

（二）结果

通常情况下，规划者在设计常规服务计划时不会考虑随机能源消耗。为了分析在设计常规服务时忽略行驶里程不确定性将产生多少额外成本，我们还研究了一个确定性案例，其中假设在常规服务时的能源消耗是确定的。对于确定性方法，规划者通常采用 80％ 的安全驾驶率（大多数研究中）以减轻不确定性影响。在本案例研究中，我们取平均能源消耗率为 2.5kW·h/km，在 80％ 的安全驾驶率下提出了常规业务的最优部署方案（$\overline{W}$，$\overline{X}$，$\overline{Y}$），如表 6－5 所示。但实际上，能源消耗率受多种因素影响，存在不确定性。然后我们在随机能源消耗率的条件下实施和评估了确定性服务设计。显然，由于忽略了随机性，确定性方法将造成式（6.41）中计算的预期总成本（每年 150 万美元）增加。

表 6－5　确定性和随机方法的公交调度优化方案

公交类型	序列号	路径
		确定性方法
电动	1	O_A—A1—B3—A5—RS_A5—RS_A7—A7—B9—D10—C11—O_A
	2	O_A—C1—D2—C3—A4—RS_A4—RS_A6—A6—B8—A10—O_A
	3	O_A—E1—F2—C3—D4—A5—RS_A5—RS_A7—A7—B9—F10—E11—O_A
	4	O_F—F1—E2—F3—RS_F3—RS_F5—F5—C6—D7—E8—F9—O_F
	5	O_A—A2—B4—A6—RS_A6—RS_A8—A8—B10—A12—O_A
	6	O_A—C2—D3—A4—RS_A4—RS_A6—A6—B8—D9—C10—O_A
	7	O_F—C3—D4—E5—F6—RS_F6—RS_F8—F8—A9—B11—O_F
	8	O_F—F2—E3—F4—RS_F4—RS_F6—F6—E7—F8—E9—F10—O_F
	9	O_A—A3—B5—A7—RS_A7—RS_A9—A9—C10—D11—O_A
	10	O_A—A3—B5—C6—D7—RS_D7—RS_D9—D9—O_A
	11	O_A—C4—D5—A6—RS_A6—RS_A8—A8—B10—O_A
	12	O_A—C4—D5—C6—E7—F8—RS_F8—RS_F10—F10—O_A
	13	O_F—F3—E4—F5—E6—F7—RS_F7—RS_F9—F9—E10—F11—O_F
	14	O_A—A4—B6—A8—O_A
	15	O_A—A4—B6—C7—D8—RS_D8—RS_D10—D10—O_A
	16	O_A—C5—D6—D7—C8—D9—RS_D9—RS_D11—D11—O_A
	17	O_F—F4—E5—E6—F7—E8—F9—O_F
	18	O_A—A5—B7—A9—O_A
	19	O_A—A5—B7—D8—C9—O_A
	20	O_F—C5—D6—E7—F8—RS_F8—RS_F10—F10—E11—F12—O_F

续表

公交类型	序列号	路径
柴油	21	O_A—A10—B12—O_A
	22	O_A—A10—B12—O_A
预计总成本		150 万美元
基于行驶里程可靠性的随机方法		
电动	1	O_A—A1—B3—A5—RS_A5—RS_A7—A7—B9—O_A
	2	O_A—C1—D2—C3—A4—RS_A4—RS_A6—A6—B8—O_A
	3	O_A—E1—F2—A3—RS_A3—RS_A5—A5—E6—F7—E8—F9—RS_F9—RS_F11—F11—O_A）
	4	O_F—F1—E2—F3—RS_F3—RS_F5—F5—E6—F7—RS_F7—RS_F9—F9—E10—F11—O_F）
	5	O_A—C2—D3—A4—RS_A4—RS_A6—A6—C7—D8—C9—O_A
	6	O_F—F2—E3—F4—RS_F4—RS_F6—F6—E7—F8—RS_F8—RS_F10—F10—E11—F12—O_F）
	7	O_A—C4—D5—A6—RS_A6—RS_A8—A8—B10—O_A
	8	O_A—C4—D5—A6—RS_A6—RS_A8—A8—B10—O_A
	9	O_A—E4—F5—E7—F8—RS_F8—RS_F10—F10—O_A
	10	O_A—C3—D4—A5—RS_A5—RS_A7—A7—B9—O_A
	11	O_A—C3—D4—C5—A6—RS_A6—RS_A8—A8—C9—D10—C11—O_A
	12	O_A—A4—B6—O_A
	13	O_A—C5—D6—A7—RS_A7—RS_A9—A9—C10—D11—O_A
	14	O_F—F4—E5—F6—RS_F6—RS_F8—F8—E9—F10—O_F
柴油	15	O_A—A2—B4—A6—B8—A10—B12—O_A
	16	O_A—A3—B5—A7—E8—F9—F10—E11—O_A
	17	O_A—A3—B5—C6—D7—C8—D9—C10—O_A
	18	O_A—A4—B6—A8—A9—B11—O_A
	19	O_A—A5—B7—A9—A10—B12—O_A
	20	O_A—A5—B7—B8—B9—B10—A12—O_A
	21	O_F—F3—E4—C5—D6—E7—F8—O_F
预计总成本		120 万美元

注意：A 到 F 为公交总站，O 为车站，RS 为充能站，数字为时间区间，下标字母为车站和充能站的位置

针对随机能源消耗，我们采用基于行驶里程可靠性的两阶段随机方法。我们将能源消耗率变异系数（COV）定义为 0.58，平均值为 2.5，并将单位临时服务成本与常规服务成本之间的成本比表示为 Γ，并取值 $\Gamma=10$。考虑到两阶段随机规划问题的非凸性，启动基于梯度的求解方法的初始点将影响最终（局部）解。我们进行了几个实验，以研究具有从 0.1 到 0.9 的不同初始点的求解效率和质量。结果显示在图 6-4，其中每条曲线代表初始点 ρ 不同时的迭代期间预期总成本。不同初始点的求解过程由垂直网格线分隔，相邻垂直网格线所定义的每部分宽度表示迭代次数。每个局部最优点代表用不同的初始点找到的局部最优。通过采用基于行驶里程可靠性的梯度算法，每个过程经过多次迭代后收敛，或者在达到预先定义的最大迭代次数（本研究中设置为 15）时停止。最佳解决方案（预计每年总成本为 120 万美元）在最佳行驶里程可靠性值取 0.87、初始点取 0.9 的 7 次迭代后出现。相应的常规服务优化部署也在表 6-5 列出。每次迭代大约需要 500s，每个初始点的计算时间从 0.7h 到 2h 不等，主要取决于迭代次数。此外，通过对一组安全驾驶比率的小型样本进行分析，我们观察到我们可以给出一个更好的初始点，这将在下一节中进行讨论。

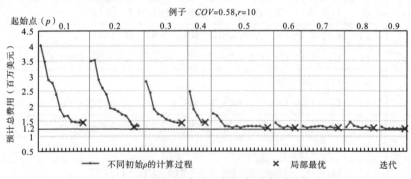

图 6-4 不同初始点的目标函数值与迭代次数

表 6-5 比较了确定性方法和随机方法的路径规划和调度计划。与实现每年预期总成本 150 万美元的确定性方法相比，我们提出的两阶段随机方法将预期总成本降低了 20%。在确定性方法下，我们为常规服务部署了 20 辆电动公交和 2 辆柴油公交，且在 30% 的随机场景中完成预期行程时会遇到能源短缺的情况。对于随机方法，由于临时成本较高，因此我们部署了更多柴油公交以避免能源短缺的情况发生，从而得到了常规服务中出现 14 辆电动公交和 7 辆柴油公交，连同两个激活的充能站的结果，保证了较高的行程可靠性。在这种情况下，所有公交都能够完成所有预期行程，而不会在所有设定条件满足后仍

发生能源短缺。此外，我们以实现能源消耗最高的场景为例，观察到由于能源短缺导致未完成的预期行程的数量已从 21 显著减少到 0。在确定性方法中，大多数由电动公交未完成的预期行程都受到了重新安排并改由柴油公交提供服务，从而增加了随机方法中的行驶里程可靠性。我们在随机方法中为常规服务增加了柴油公交的安排，以满足其能够覆盖一定行驶里程可靠性水平下的需求。值得注意的是，调度方案是以 1h 为单位尺度来给出的。因此，如果公交在该时间区间内接受调度并能够准时执行下一个任务，运营商就可以根据实际到达的乘客来分配每辆公交的实际发车时间。自然，时间段越短，乘客的等待时间越少，且公交的出发可以更好地与乘客的到达进行匹配，不过这也会导致计算时间更长。

图 6-5 说明了在三种不同的成本比率下应用通过确定性和基于行驶里程可靠性的随机方法获得的最优方案时的常规服务成本和临时服务预期成本。结果表明，在忽略行驶里程随机性的情况下，确定性方法通常会因频繁发生能源短缺而产生较高的临时成本，而随机方法显著降低了预期总成本，尤其是在临时成本比率较高的情况下。另外，随机方法的最优方案会受到临时成本比的影响。成本比率增大，即单位临时成本越高，就会使常规服务计划更可靠，从而减少临时服务的数量（这可以从电动公交和柴油公交的数量得到体现）。

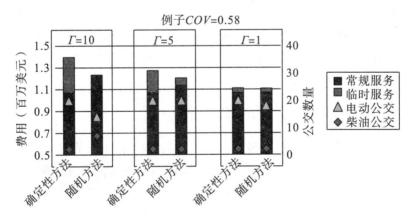

图 6-5　在不同临时成本比率下确定性和随机方法的常规服务和临时服务成本

为了测试行驶里程变化的影响，我们对三个变异系数（COV）水平进行了敏感性分析。此外，对成本比 $\varGamma$ 的影响也进行了分析。图 6-6 说明了在能源消耗率的三种不同变异系数（COV）和三种不同成本比率下，通过基于行驶里程可靠性的随机方法获得的常规服务成本和临时服务预期成本。

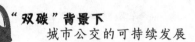
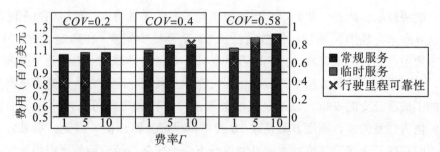

图6-6 不同变异系数（COV）和不同成本比率下的常规服务和临时服务成本

首先，在相同的临时成本比下，随机能源消耗的更高可变性 [（即变异系数（COV）值更大）] 自然会导致更高的行驶里程可靠性水平，因为系统将更多地依赖常规服务，以此来减少由能源消耗率差异大所造成的能源短缺风险增高。在这种情况下，常规服务成本和预期总成本都随着变异系数（COV）增加。其次，对于任何变异系数（COV），常规服务成本和预期总成本都随着临时成本比率的增加而增加。直观上，较高的临时服务成本会导致常规服务成本的增加，因为系统更倾向于依赖常规服务，虽然有时会浪费一些公交资源。随着成本比增加，范围的可靠性证明了这种现象的合理性。更高的行驶里程可靠性使得系统更可靠，该系统会更多地采用常规服务来对冲行驶里程不确定性。这种趋势在变异系数（COV）较高时尤为明显。一般而言，随着常规服务和临时服务之间的成本比率增加，可以预料的是常规服务的成本会增加（这意味着行驶里程可靠性更高），从而减少对临时服务的依赖。有时，常规服务成本的预期总成本高达90%到100%。

（三）安全驾驶比与里程可靠性探讨

行驶里程可靠性提供了一种灵活且准确的方法来解决行驶范围随机的问题。行驶里程可靠性的概念是针对每次出现随机能源消耗的行程推导出来的。尽管如此，若行驶里程可靠性能根据公交的能源容量转换为近似于安全驾驶比或与其相关的概念，那么规划者/调度者会更容易理解——即在制定调度和充电计划时，对公交的能源容量用百分比进行定义。

规划者通常会选择一定的安全驾驶比，例如80%的能源容量，从而在完成预期行程之前降低能源耗尽的风险，并在预先定义的安全驾驶比下优化电动公交服务计划。在更保守的设计（即安全驾驶比变小）下，需要增加常规服务。从行驶里程可靠性转换为安全驾驶比的步骤如下。

Φ_i^{jk} 为 i 型公交在行程（j，k）中的随机能源消耗率累积分布函数，ρ_i^{jk*} 为最佳行驶里程可靠性。假设一辆公交 i 在路线 r 上的两个相邻充能站之间行驶了 m 次。从行驶里程可靠性的角度来看，最大行驶距离（行驶里程）d_i^r 可以用它的能源容量 Q_i 来计算。

$$\Phi_i^{-1}(\bar{\rho}_i^{jk})d_i^r = Q_i \Rightarrow d_i^r = \frac{Q_i}{\Phi_i^{-1}(\bar{\rho}_i^{jk})} \ \forall r$$

在这里，$\bar{\rho}_i^{jk}$ 是平均行驶里程可靠性。公交 i 在路线 r 上能覆盖 m 次行程的平均行驶里程可靠性可以计算为：

$$\bar{\rho}_i^{jk} = \frac{1}{m}\sum_m \rho_i^{jk*}$$

另外，我们可以从安全驾驶比的角度推导出最大行驶距离。常规服务计划是根据给定的能源消耗率得出的。$\bar{\eta}$ 为预期义的能源消耗率。为了推导出最大行驶距离，从公交能源容量的角度，应该满足以下约束条件。

$$\bar{\eta}d_i^r = \sigma_i^{r*}Q_i \ \forall r \Rightarrow d_i^r \frac{\sigma_i^{r*}Q_i}{\bar{\eta}} \ \forall r$$

因此，我们可以为公交 i 在路线 r 上推导出相应的最优 $SDR\ \sigma_i^{r*}$。

$$\sigma_i^{r*} = \frac{\bar{\eta}}{\Phi_i^{-1}(\bar{\rho}_i^{jk})}$$

值得注意的是，安全驾驶比 σ_i^{r*} 是为完成不同行程的公交定义的，而行驶里程可靠性 ρ_i^{jk*} 仅为一次行程而定义。假设一辆巴士的行驶路线数为 R，我们可以为公交 i 计算一个近似最优的安全驾驶比 σ_i^*，如下所示。

$$\sigma_i^* = \frac{1}{R}\sum_R \sigma_i^{r*}$$

具体而言，当所有行程的行驶里程可靠性相等时，从安全驾驶比导出的路径规划和调度计划与从行驶里程可靠性导出的部署方案一致。例如，在第四章第二节第二部分说明的案例研究中，最佳行驶里程可靠性为 0.87，规划者可以将其理解为当采用平均能源消耗率（2.5kW·h/km）时电动公交的近似安全驾驶比 57.5%。

本章小结

在这项研究中，我们构建了一个框架来表达和解决行驶里程不确定下多车型多车站充能站选址－路线规划－调度问题。本研究解决了在行驶范围和充能约束下绿色公交部署的三个主要问题，提出了解决充能问题和充能站选址问题

的时间－空间－能源网络。此外，我们提出了一个两阶段随机规划来处理行驶里程不确定性问题。同时，我们提出了行驶里程可靠性的概念，它使常规服务和临时服务之间的权衡实现了内化，并提供了解决两阶段随机规划的有效方法。

根据基于行驶里程可靠性的梯度下降法，我们成功地将所提出的两阶段随机方法应用于香港的现实公交网络。结果表明，与传统的确定性方法相比，在制定公交服务部署时明确记录能源消耗可变性可以节省约 20％ 的成本。我们相信，如果行驶里程不确定性的变化增大，所提出随机方法的收益将更加明显。此外，我们提出了两个概念（即安全驾驶比和行驶里程可靠性）之间的联系，从而有助于对结论进行理解。尽管所提出的方法对不考虑公交中间停靠的情况予以了说明，但我们可以通过对路段乘客流添加附加约束的方法对原问题进行扩展。就应用背景而言，该框架可以应用于具有随机车辆行驶里程的广大车辆路线和调度问题，例如绿色物流问题。

本书提出了一个图形理论框架，通过对详细的运营条件加以考量，阐述了充能站选址－路径规划－调度问题，这对于公共交通部门的现场从业者和决策者来说可能看起来很复杂。因此，如何通过去除不太重要的细节来简化理论框架并使其计算效率更高，是一件值得进一步考虑的事。例如，Daganzo 和 Ouyang（2019）构建了程序简单的直观模型，其应用了排队理论来确定车队规模。他们建议把空驶任务视为下一次服务行程的建立时间，以此将其去掉。在未来的研究中，我们可以采用类似的想法来增强和简化我们的时间－空间－能源网络模型。

第七章 基于弹性需求的需求响应式公交服务的优化设计

第一节 引言

不同于传统的固定路线公交，需求响应式公交根据乘客需求灵活安排接送乘客，并把他们送至一个共同的目的地（如地铁站）。需求响应式公交的需求不仅受到费用和通行时间的影响，还受到时效可靠性的制约。由于需求响应式公交在收集乘客的时空分布方面存在不确定性，其影响不可忽略。本章明确介绍了一种嵌入了时间偏差惩罚模型的弹性需求函数。基于此，建立了单车和双车的需求响应式公交模型以使社会福利最大化。解决了包括费用、服务区域和运行周期在内的决策变量的优化问题，通过了增广拉格朗日乘子法，并通过仿真来验证模型的有效性。在数值模拟研究中，灵敏度分析揭示了几个关键参数的影响，例如潜在需求密度、车辆容量、公路运输距离和弹性因素。通过比较，揭示了适用于单车和双车方案的需求密度阈值。该模型为考虑当地条件的需求响应式公交运营商提供了决策工具。

公共交通系统可以分为两大类：固定路线公交和需求响应公交。传统的固定路线公交通常在高需求地区更具成本效益，但在低需求地区的灵活性较差。而需求响应式公交则提供了一种更为灵活的方式来把乘客从一个特定的地区（例如郊区）运输到共同的目的地（例如一个轨道交通枢纽，如图7-1所示），以作为对传统固定路线系统的重要补充。

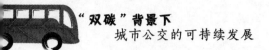

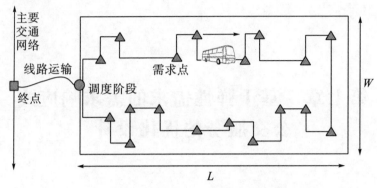

（a）单车模式的需求响应式公交策略

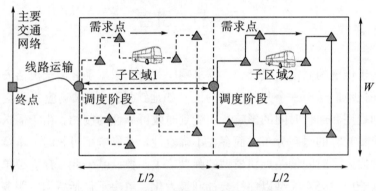

（b）双车模式的需求响应式公交策略

图 7-1   需求响应式公交策略

本章的其余部分按以下方式排列。在第二节中，我们介绍了双车需求响应式公交系统（其中一个特例是单车方案），概述了建模框架和基本假设。详细模型在第三节中制定并提供了解决方法。第四节讨论了数值结果。结论见第五节。

第二节   问题描述

一、服务区域和运营政策

服务区域被设置为长度 L、宽度 W 的矩形区域，如图 7-1 所示。图 7-1（a）和图 7-1（b）分别表示单车和双车的情况。在图 7-1 中，正方形代表乘

132

客的共同目的地（如地铁站）。一般来说，绝大多数乘客的出行方向在一定时期内是固定的。例如，在早高峰期间，绝大多数乘客需要从家中去往地铁站或办公地点；而在晚高峰期间，乘客们需要从地铁站或办公地点回到家中。在这两种情况下，建模方法基本上是相同的。因此我们使用将乘客从家中接载后送往共同的目的地为例来进行研究。

在单车系统中，车辆从调度站出发，沿最短路径接到每一位乘客，通过长途运输到达目的地后再返回出发站。这一过程构成一个运行周期。

在双车系统中，我们把服务区域分为两块面积相等的子区域 [（图 7－1(b)]。每个子区域的长度为 $L/2$，宽度仍为 W。每个区域都有一个出发站。一个周期内的运行过程描述如下：两辆车分别从区域 1 和区域 2 的调度站同时出发，轮流服务两个子区域内的乘客，然后返回出发站。每个子区域内车辆的服务过程和单车系统中一致。值得注意的是，当系统同时运行两辆以上的车辆时，运行策略将比上述提到的双车情况复杂得多。它必须联合设计分区策略以及每个区域内的车队规模和服务间隔。其退化问题是多车辆路径规划问题，通常采用的策略是：先划分服务区域，然后分配并运营一辆只服务于单个子区域的车辆，如 Carlsson 和 Delage（2013）。因此，多车辆情况需要更复杂更细致的研究，这可能是我们未来研究的课题。

二、假设

本节提出了对需求响应式公交系统分析的假设。

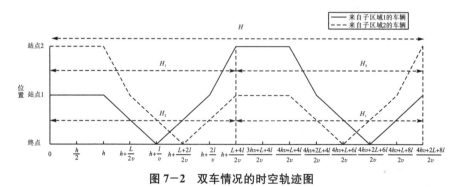

图 7－2　双车情况的时空轨迹图

（1）乘客的位置在服务区内均匀分布。乘客在一个周期内出现服从泊松分布。

（2）乘客的方式选择行为是相同的，这意味着该区域内的每一位乘客对需

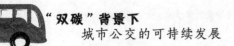

求响应式公交服务的负效用项目（如运行时间、费用、时间不确定性等）都有同样程度的敏感性。

（3）运行时间的不确定性只取决于乘客时空分布的随机性。由外部因素（如天气、交通情况等）导致的不确定性不作考虑。

（4）在双车系统中，我们假设两个子区域内乘客的时空分布是独立的。

三、建模框架

在本节，我们对考虑了弹性需求的双车需求响应式公交系统进行了建模，决策变量包括服务区域 A（km^2）（每个子区域为 $A/2$），运行周期时间 H（h），最佳费用 f_1 和 f_2（美元/人）（下标指子区域 1 和子区域 2）。优化目标是使利润和社会福利最大化。由于利润是社会福利的一部分，在不考虑乘客福利的情况下，利润最大化可以作为社会福利最大化的一种特殊情况来考虑。因此，我们只给出了一般情况下社会福利最大化的模型。该模型如下所示。

$$\max_{A,H,f,i} Y_S = \frac{F+U}{H} \tag{7.1a}$$

约束条件：

$$H_1 = H_2 \tag{7.1b}$$

$$0 \leqslant \frac{n_i}{N} \leqslant l_f, i = 1,2 \tag{7.1c}$$

$$A \geqslant 0, H \geqslant 0, f_i \geqslant 0, i = 1,2 \tag{7.1d}$$

其中，Y_s（美元/h）表示单位运行时间的社会福利，等于生产者剩余 F（美元）和消费者剩余 U（美元）的总和除以运行周期时间 H（h）。周期时间 H 可以根据 Daganzo 公式估算：

$$H = H_1 + H_2 = \frac{(k\sqrt{n_1\frac{A}{2}} + k\sqrt{n_2\frac{A}{2}} + 4l + L)}{v} \tag{7.2}$$

其中，H_1，H_2 表示子区域 1 和 2 中的操作时间，分别有：

$$H_1 = \frac{k\sqrt{n_1\frac{A}{2}} + 2l + \frac{L}{2}}{v}, H_2 = \frac{k\sqrt{n_2\frac{A}{2}} + 2l + \frac{L}{2}}{v}$$

其中，n_1（人员/车辆）和 n_2（人员/车辆）分别表示两个区域内每辆车服务的乘客数量。

模型约束的解释如下：

（1）约束式（7.1b）保证了两车之间规律和稳定的间隔时间。如图 7-2

所示，两车的轨迹分别用实线和虚线表示。在图 7-2 中，竖轴上的点 1 和点 2 分别表示两个子区域。两车系统的一个运行周期如图 7-2 所示。需要注意的是，每个子区域中每辆车的绕行时间相同并记为：$h \equiv \dfrac{k\sqrt{n_1\frac{A}{2}}}{v} = \dfrac{k\sqrt{n_2\frac{A}{2}}}{v}$［证明 $n_1 = n_2 = n/2$ 见式（7.1b）］。如图 7-2 所示，这两辆车（实线和虚线）首先开始服务点 1 和点 2 并将顾客送至终点站；然后将服务区转换到点 2 和点 1，并再次接送顾客到终点站。一旦到达终点站就会转换服务区。将它们离开起点的时刻和回到起点的时刻之间的时间视为一个运行周期。为了保持可靠的服务，需要保持两车之间规律的循环时间和时间间隔，这对于吸引通行乘客并减少他们的等待时间非常重要。事实上，也可以采用实时控制策略来避免因随机性而产生的聚集。

（2）在约束式（7.1c）中，l_f 表示负荷系数。该约束规定了每个周期每辆车服务的乘客数量的有效范围。

（3）最后一个约束规定决策变量是非负的。

附录七中给出了书中出现的变量的定义、单位和数值。接下来，我们对模型 F 和 U 建模。

第三节　基于弹性需求的双车需求响应式公交模型

第一部分给出了弹性需求函数，然后在第二部分给出了生产者剩余，第三部分阐述了消费者剩余。

一、弹性需求函数

对于子区域 $i = 1,2$，我们采用线性弹性需求函数 λ_i，如下所示：

$$\lambda_i = \lambda_0(1 - e_\omega H_\omega^i - e_v H_v^i - e_f f_i - e_\sigma \sigma_H^i),\ i = 1,2 \qquad (7.3)$$

其中，λ_0 表示潜在需求密度［人/（km² · h⁻¹）］，这是外在给予的。括号中的成分是：等待时间 $H_\omega^i(h)$、车内时间 $H_v^i(h)$、行程时间偏差惩罚 $\sigma_H^i(h)$ 和费用 f_i（美元）。其中各系数 e_ω，e_v，e_σ，e_f 为对应的单位成本因素。得到的需求响应式公交实际出行需求密度 λ_i 将用来计算泊松分布的输入参数（平均到达率），并用于描述一个时间段内到达的乘客数量。需求函数中的效用项推导如下：

（1）等待时间H_ω^i：一名乘客的等待时间由两部分组成。①如到达终点站时显示的车辆完成当前服务轮次的等待时间；②车辆到达乘客所在位置的等待时间。在时空均匀分布的需求假设下，第一和第二部分的平均值可以分别估算为$\frac{H_1}{2}=\frac{H_2}{2}=\frac{H}{4}$和子区域内运行时间的一半（即$\frac{k}{2}\sqrt{n_1\frac{A}{2}}=\frac{k}{2}\sqrt{n_2\frac{A}{2}}=\frac{H}{4}-\frac{L}{4v}-\frac{l}{v}$）。因此，我们合计有：

$$H_\omega^i=\frac{H}{2}-\frac{L}{4v}-\frac{l}{v},i=1,2 \tag{7.4}$$

其中，v（km/h）为车辆的商业速度。

（2）车内时间H_v^i：每位乘客的车内行程时间在两区域内不同，可分别估计为式（7.5a，7.5b）：

$$H_v^1=\frac{H}{4}-\frac{L}{4v} \tag{7.5a}$$

$$H_v^2=\frac{H}{4}+\frac{L}{4v} \tag{7.5b}$$

（3）行程时间偏差σ_H：这里使用运行时间的标准差来反映可靠性成本。我们首先通过仿真数据的回归分析法得到了行程长度的标准差（详情见附录七）：

$$\sigma_i=\alpha_1\sqrt{A}+\alpha_2\sqrt{\frac{A}{n_i}}+\alpha_3 n_i-\alpha_4 R-\alpha_5,i=1,2 \tag{7.6}$$

其中，$\alpha_1-\alpha_5$是由仿真数据校准的系数。

假设两个子区域内的时空分布需求是独立的，一个周期内的行程时间标准差可以表示如下：

$$\sigma_H=\frac{\sigma_1+\sigma_2}{v} \tag{7.7}$$

二、生产者剩余

生产者剩余F（美元）等于总收入P（美元）减去总运营成本C（美元）：

$$F=P-C \tag{7.8}$$

在一个运行周期内，服务的乘客数量为：

$$n_i=\lambda_i AH/4 \tag{7.9}$$

其中，λ_i由式（7.3）得到。

由于每个子区域在一个周期内服务两次，因此系统的总收入如下：

$$P = 2\sum_{i=1}^{2} n_i \, f_i \qquad (7.10)$$

运营成本由三部分组成：①车辆运行（如油耗等）所产生的费用；②上下车乘客所产生的时间延迟；③固定成本，如车辆拥有费和劳务费。根据 Old-field 和 Bly（1988），我们采用线性成本函数：

$$C_i = (C_0(1+\gamma N) + \eta \, n_i)D_i + C_f H_i, \; i=1,2 \qquad (7.11)$$

其中，C_0（美元/(km−公交)）是成本函数随着距离D_i调整运营成本水平的系数，而γ是成本函数和车辆容量的相对梯度。每位乘客上下车的时间成本记为η〔美元/〔人·(km−公交)$^{-1}$〕〕，每小时的固定成本记为C_f（美元/h）。因此，总的运营成本C为：

$$C = 2\sum_{i=1}^{2} C_i \qquad (7.12)$$

三、消费者剩余

消费者剩余等于用户收益G_i（美元）减去付款J_i（美元）。一个周期内的总消费者剩余推导为：

$$U = 2\sum_{i=1}^{2}(G_i - J_i) \qquad (7.13)$$

其中，G_i 和J_i 分别由式（7.15）（7.16）得到。

$$G_i = \frac{AH}{4}\int_0^{\lambda_i} f_i(\lambda)\,\mathrm{d}\lambda = \frac{AH}{4ef}(1 - e_\omega H_\omega^i - e_v H_v^i - e_\sigma \sigma_H^i)\lambda_i - \frac{AH\lambda_i^{\,2}}{8\lambda_0 e_f}, \; i=1,2$$

$$(7.14)$$

其中，$f_i(\lambda)$是式（7.3）中关于费用f_i的反函数。将式（7.3）中的潜在需求密度λ_0代入并重新排列（7.14）。消费者剩余的计算方法也可以在一些以往的研究中找到。G_i 的表达式如下：

$$G_i = \frac{\lambda_i AH}{8ef}(1 - e_\omega H_\omega^i - e_v H_v^i - e_\sigma \sigma_H^i + e_f f_i), \; i=1,2 \qquad (7.15)$$

$$J_i = n_i f_i = \frac{\lambda_i AH}{4} f_i, \; i=1,2 \qquad (7.16)$$

四、求解算法

我们提出的问题涉及等式和不等式的非线性优化问题（NLP）。解决此类

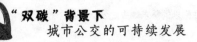

问题的传统方法是乘子法（包括外点法和内点法），一些启发式算法（遗传算法、模拟退火算法等）也可以应用于此类问题。这里应用了增广拉格朗日乘子法，它结合了拉格朗日乘子法和外点法，并被证明可以避免海森矩阵随着惩罚因子的增加而变为病态矩阵。

基于第三部分的分析，我们可以得到优化问题的具体解析形式。方便起见，我们把决策变量 A、H、f_1、f_2 设置为 x_k，$k=1$，2，3，4，并将式 (7.1) 改写如下：

$$\text{Max } Y_S(x_k) \tag{7.17a}$$

约束条件：

$$\lambda(x_k) = 0 \tag{7.17b}$$

$$-n(x_k) \leqslant 0 \tag{7.17c}$$

$$\frac{n(x_k)}{2N} - l_f \leqslant 0 \tag{7.17d}$$

$$H_1(x_k) = H_2(x_k) \tag{7.17e}$$

$$x_i \geqslant 0, k = 1, 2, 3, 4 \tag{7.17f}$$

通过将原最大化问题转化为最小化问题，构造拉格朗日函数如式 (7.16)：

$$\psi(x_k, \mu, \beta, \theta) = -Y_S(x_k) - \sum_{i=1}^{2} \left[\mu_i h_i(x_k) \right]^2 + \frac{\theta}{2} \sum_{i=1}^{2} \left[h_i(x_k) \right]^2 +$$

$$\frac{1}{2\theta} \sum_{j=1}^{6} \left(\left[\min(0, \theta g_i(x_k) - \beta_j) \right]^2 - \beta_j^2 \right) \tag{7.18}$$

其中，$g(x_k)$ 和 $h(x_k)$ 分别表示不等式约束和等式约束；μ 和 β 是拉格朗日乘子，θ 表示惩罚参数。求解算法的具体步骤如下：

步骤1：初始化决策变量 x_k^0 的值，给定乘子 μ^1，β^1 的初值，精度 $\varepsilon > 0$，迭代因子 $r \in (0, 1)$，惩罚参数序列 $\{\theta_m\}$。令 $m=1$。

步骤2：求解以 x_k^{m-1} 为初始点的无约束子问题 $\min \psi(x_k, \mu, \beta, \theta)$，并得到点 x_k^m。

步骤3：检查终止条件。如果满足终止条件，则输出为原问题最优解，否则转到步骤4。

$$\omega_m = \sqrt{\sum_{i=1}^{2} \left[h_i(x_k) \right]^2 + \sum_{j=1}^{6} \left[\min\left(g_j(x_k) - \frac{\beta_j^m}{\theta} \right) \right]^2} \tag{7.19}$$

步骤4：更新惩罚参数。如果 $\omega_m \geqslant r \omega_{m-1}$，则惩罚参数 θ_m 更新为 θ_{m+1}，否则仍保持为 θ_m。

步骤5：更新乘子。

$$\mu_i^{m+1} = \mu_i^m - \theta\, h_i(x_k^m) \tag{7.20a}$$

$$\beta_j^{m+1} = \max(0, \beta_j^m - g_j(x_k^m)) \tag{7.20b}$$

步骤 6：令 $m = m + 1$，并返回步骤 1。

第四节　需求响应式公交优化设计问题精确求解实例

本节通过几个数值实例证明了模型的有效性。我们比较了单车情况和双车情况以及替代目标下的结果，即与先前所提出的相反的利益最大化。第一部分首先给出了实验条件和仿真结果。第二部分进行了不同需求密度下的灵敏度分析，并揭示了单车和双车策略之间的阈值。第三部分和第四部分分别对不同车辆容量和公路运输距离进行了进一步的灵敏度分析。

一、结果分析与仿真实验

模型参数值汇总见表 7-1。我们在 $10\sim100$ 人/（$km^2 \cdot h^{-1}$）之间改变 λ_0 的值，仿真结果见表 7-3。仿真由 MATLAB 2018b 完成，通过产生随机数来模拟服务区域内乘客的时空分布。该程序根据上一个周期的运行时间来模拟当前周期的乘客数量。对于每组最优决策变量，我们模拟了 1000 个连续运行周期，并使用其平均值作为最终结果。图 7-3 显示的仿真结果的曲线和数值结果非常相似。

表 7-1　模型参数值

λ_0	N	l	R	ev[1]	ew[2]	e_f^a	e_σ^b[3]
人/（$km^2 \cdot h^{-1}$）	座	km	—	—	—	—	—
$10\sim100$	43	3	2	0.35	0.7	0.07	0.49

---

[1]　M. E. Kim P. Schonfeld：Maximizing net benefits for conventional and flexible bus services，Transp. Res. A，Policy Pract.，2015，80：116—113.

[2]　M. E. Kim P. Schonfeld：Maximizing net benefits for conventional and flexible bus services，Transp. Res. A，Policy Pract.，2015，80：116—113.

[3]　De Jong，Kouwenhoven，Kroes，Rietveld，et al. Preliminary monetary values for the rebiability of travel times in freight transport，Eur. J. Transp. Infrastruct，2009（9）：1—17.

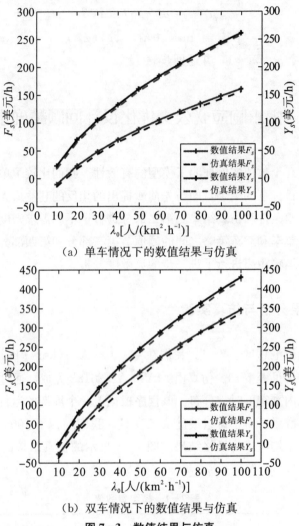

（a）单车情况下的数值结果与仿真

（b）双车情况下的数值结果与仿真

图 7-3　数值结果与仿真

二、需求密度灵敏度分析

单车策略下的最优结果如表 7-2 所示。结果表明，在利润最大化和社会福利最大化的目标下，最优服务区域 A 随着需求密度的增加而增大。相比之下，前者比后者的服务区域更大，费用更高。有趣的是，我们观察到周期运营时间对需求密度不敏感。例如，随着 λ_0 从 10 人/（km^2·h^{-1}）到 100 人/（km^2·h^{-1}），周期循环时间只从 0.49h 减为 0.48h。因为在系统中被服务的乘客更多，运营商的利润和社会福利都与需求密度呈正相关。

表 7-2 单车情况下的最优结果

λ_0	利润最大化				社会福利最大化			
	A	f	H	F_s	A	f	H	F_s
人/(km²·h⁻¹)	km²	美元	h	美元/h	km²	美元	h	美元/h
10	7.67	5.42	0.49	−11.22	5.50	2.74	0.49	21.92
20	5.50	5.45	0.49	21.92	3.89	2.78	0.49	68.51
30	4.50	5.46	0.49	47.25	3.18	2.80	0.49	104.01
40	3.89	5.48	0.49	68.51	2.75	2.82	0.48	133.74
50	3.48	5.48	0.49	87.18	2.46	2.84	0.48	159.80
60	3.18	5.49	0.49	101.01	2.24	2.85	0.48	183.24
70	2.94	5.50	0.48	119.43	2.07	2.86	0.48	204.69
80	2.75	5.50	0.48	133.74	1.94	2.87	0.48	224.58
90	2.59	5.51	0.48	147.15	1.83	2.88	0.48	243.19
100	2.46	5.51	0.48	159.80	1.73	2.89	0.48	260.72

双车情况下的最优结果如表 7-3 所示。通过与表 7-2 结果的比较，可以发现在相同的需求密度下，双车系统的最优区域 A 略有增加；而双车情况下的 H 值是单车情况的两倍以上。同时注意到，子区域 1 近侧的最优费用略高于远侧。票价差异抵消了两个子区域车内时间不相等的影响。

表 7-3 双车情况的最优结果

λ_0	利润最大化					社会福利最大化				
	A	f_1	f_2	H	F_s	A	f_1	f_2	H	F_s
人/(km²·h⁻¹)	km²	美元	美元	h	美元/h	km²	美元	美元	h	美元/h
10	13.38	5.73	5.30	1.13	−27.25	11.72	4.75	4.35	1.12	−0.96
20	9.70	5.78	5.41	1.12	43.45	8.48	4.80	4.46	1.11	81.09
30	8.02	5.80	5.47	1.11	98.17	7.00	4.83	4.52	1.10	144.46
40	7.00	5.82	5.51	1.10	144.46	6.11	4.85	4.56	1.09	197.98
50	6.30	5.84	5.54	1.09	185.29	5.49	4.87	4.59	1.09	245.15
60	5.77	5.85	5.56	1.09	222.22	5.03	4.88	4.62	1.08	287.76
70	5.36	5.86	5.58	1.08	256.18	4.67	4.89	4.64	1.08	326.91
80	5.03	5.86	5.60	1.08	287.76	4.38	4.90	4.66	1.07	363.31

续表

λ_0	利润最大化					社会福利最大化				
	A	f_1	f_2	H	F_s	A	f_1	f_2	H	F_s
人/(km²·h⁻¹)	km²	美元	美元	h	美元/h	km²	美元	美元	h	美元/h
90	4.75	5.87	5.61	1.08	317.41	4.13	4.91	4.67	1.07	397.44
100	4.51	5.88	5.63	1.08	345.42	3.93	4.92	4.69	1.07	429.68

图 7-4 (a) 和图 7-4 (b) 呈现了两种服务类型在不同目标下的比较。在图 7-4 (a) 中，两条曲线相交于需求密度为 13.9 人/ (km² · h⁻¹)，每小时利润为 3.7 (美元/h)。图 7-4 (b) 中的交点显示，在需求密度阈值为 16.1 人/ (km² · h⁻¹) 下，每小时社会福利为 51.6 美元/h。因此，我们可以说，当需求密度高于需求密度阈值时，双车服务更合适，而单车策略更适合更低的需求条件水平。

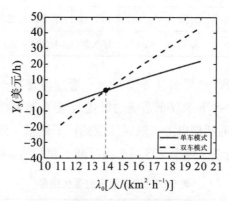

（a）利润最大化的需求密度阈值

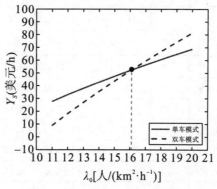

（b）社会福利最大化的需求密度阈值

图 7-4　需求密度阈值

三、车辆容量灵敏度分析

不同车辆容量下的结果如图7-5所示。在利润最大化的目标下，单车服务的最优容量为15座/辆，而双车服务为19座/辆。在社会福利最大化的目标下，两种服务的最优车辆容量均为22座/辆。图7-5还表明，社会福利最大化模型对车辆容量比利润最大化模型更敏感。对于每种情况，利润在某一点后随着车辆容量的增加而降低。这是因为当车辆的容量增加时，单位距离的运营成本也会增加，从而导致利润降低。

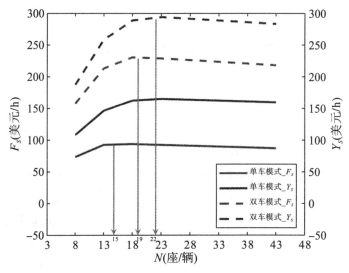

图7-5 车辆容量的灵敏度分析

在相同的参数值下，车辆容量对两种服务的需求密度阈值的影响如图7-6所示。可以看出，在两个目标下，需求阈值与车辆容量呈线性增长，但仅限于较小的范围。

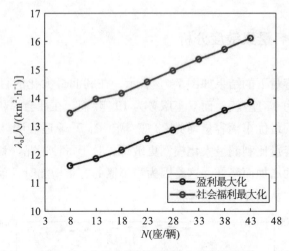

图7-6 车辆容量对需求密度阈值的影响

四、运输长度灵敏度分析

本节研究了给定情况下公路运输距离对最优结果和需求密度阈值的影响。图7-7表明，无论是利润最大化模型还是社会福利最大化模型，目标数值都随着公路运输距离的增大而减小。l 的增长会使车辆的运行距离在一个周期内变大，导致运营成本增加。当 l 太大时，甚至可能导致系统的负收益。图7-7描述了两种策略在两个优化目标下的正效益临界点。这些结果表明，在公路运输距离较长的情况下，双车模型和社会福利最大化模型更为可取。

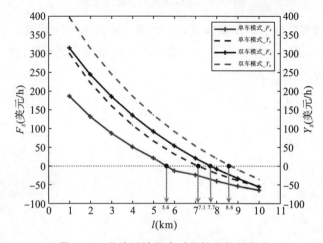

图7-7 公路运输距离对目标函数的影响

公路运输距离对需求密度阈值的影响如图 7-8 所示。可以看出，对于 1～10km 的运输距离，利润最大化模型的需求密度阈值为 11～42 人/（km² · h⁻¹），而社会福利模型的需求密度阈值为 15～35 人/（km² · h⁻¹）。结果表明，与利润最大化模型相比，社会福利模型对运输距离的敏感性更低。此外，值得注意的是，随着运输距离的增加，需求密度阈值会急剧增大。因此，在长途运输的情况下，单车服务更为可取，并且系统可能需要补贴以弥补过高的成本。

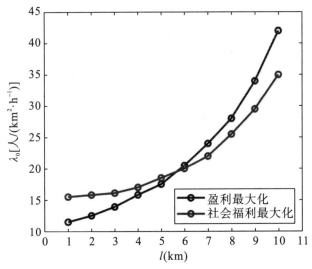

图 7-8　公路运输距离对需求密度阈值的影响

五、弹性因素灵敏度分析

表 7-4 显示了弹性因素的波动如何影响模型结果，包括福利、利润和需求密度阈值。结果表明，增加弹性因子的值会降低总福利和总利润，反之亦然。此外还可以看到，需求密度阈值随着弹性因子的减小而增大。

表7-4 弹性因素的影响

弹性系数的值	e_f			e_v			e_w			e_σ		
	0.05	0.07	0.09	0.25	0.35	0.45	0.50	0.70	0.90	0.30	0.49	0.70
单车形式福利	220.3	159.8	138.2	176.4	159.8	132.1	235.8	159.8	105.2	160.8	159.8	158.7
单车形式福利变化百分比	37.9	0.0	-13.5	10.4	0.0	-17.3	47.6	0.0	-34.2	0.63	0.0	-0.7
双车形式福利	390.1	245.2	166.8	275.8	245.2	217.1	352.8	245.2	168.1	248.4	245.2	241.8
双车形式福利变化百分比	59.1	0.0	-32.0	12.5	0.0	-11.5	43.9	0.0	-31.4	1.3	0.0	-1.4
单车形式利润	159.2	87.2	47.2	99.1	87.2	76.3	141.8	87.2	48.2	87.7	87.2	86.6
单车形式利润变化百分比	82.6	0.0	-45.9	13.6	0.0	-12.5	62.6	0.0	-44.7	0.57	0.0	-0.7
双车形式利润	333.9	185.3	102.8	212.0	185.3	160.9	278.8	185.3	118.6	187.9	185.3	182.6
双车形式利润变化百分比	80.2	0.0	-44.5	14.4	0.0	-13.2	50.5	0.0	-36	1.4	0.0	-1.5
福利最大化的阈值需求密度	8.1	16.1	32.0	13.8	16.1	18.2	12.3	16.1	21.1	15.8	16.1	17.1
福利最大化的阈值需求密度变化百分比	-49.7	0.0	98.8	-14.3	0.0	13.0	-23.6	0.0	31.1	-1.9	0.0	6.2
利润最大化的阈值需求密度	8.4	13.9	26.0	12.2	13.9	16.0	9.9	13.9	18.4	13.6	13.9	14.4
利润最大化的阈值需求密度变化百分比	-39.6	0.0	87.1	-12.3	0.0	15.1	-28.8	0.0	32.4	-2.2	0.0	3.6

本章小结

本章考虑了弹性因素，将时间可靠性与其他因素（例如等待时间、车内时间和费用）明确结合起来，对双车需求响应式公交（其中一个特例是单车需求响应式公交）进行了优化。非线性优化问题采用增广拉格朗日乘子法求解，通过仿真进行了验证，显示了双车需求响应式公交在不同出行密度下的有效性和适用性，并和传统的单车服务进行了比较。灵敏度分析揭示了几个参数对最优设计的影响。

结果表明，在需求水平较低的情况下，单车策略更可取，而双车策略在中、高需求水平下更合适。最优车辆容量的分析为决策者在不同需求密度下选择合适的车辆容量提供了指导。此外，我们还发现公路运输距离可能会对单车和双车策略的选择产生巨大的影响。对弹性因素的分析还探讨了弹性因素的变化如何影响目标函数和需求密度阈值。虽然需求和弹性的随机性是运营中需要考虑的重要因素，但不是本书研究的重点。一个原因是，所提出的模型适用于某一需求和弹性下的服务设计，无论需求是高是低，都可以对应于高峰或非高峰时段，运营商可以在不同时段使用所提出的模型确定不同的服务设计。另一个原因是，如果运营商想使用同一套服务设计来满足不同的需求水平和弹性，则可以通过改变目标函数来调整优化模型，以使其包含不同时期的福利或利润。

在未来的研究中，我们会开发同时为相反方向的乘客提供服务的需求响应式公交系统，而不是单独提供单向服务。另一个可能的研究方向是放松线性弹性需求函数的假设。此外，虽然采用简化的操作环境可以进行更直接的灵敏度分析，但将模型与实际乘客数据进行拓展以反映更真实的情况是一个必不可少的课题，也将是我们今后研究的重点。

第八章 结论和建议

第一节 主要结论和发现

本书研究了混合车型公交车队管理和基础设施部署策略，包括公交更换、改装、路线安排、调度和定位充能站，同时还考虑了行驶范围、充能问题，以及政府补贴政策。通过采用基于发车频率和基于车辆行车计划编制的方法，我们将公交车队管理问题分为五个阶段，其对应了本研究的五个目标，总结如下：

第一，我们调查了基于发车频率的单一公交车队管理问题，包括随时间推移的公交更换和改装。在此阶段，我们提出了一种称为剩余寿命额外收益成本分析的方法，以确定公交车队管理策略。为了使问题更加现实，我们考虑了两项措施：将与减排相关的外部成本节省视为额外收益；在公交标准退休年限之前，将更换和改装公交的额外费用视为额外成本，同时还考虑了利率和通货膨胀率。在剩余寿命额外收益成本的基础上，我们从不同的角度提出两种管理模式：一种是从私营公交公司的盈利能力角度，另一种是从减排的整体社会效益角度。基于这两种模型生成的两套最优管理方案，我们制订了一项政府补贴计划，以调查对私营公交公司进行何种补贴会为其实施最优公交车队管理方案提供足够的激励。同时，我们在真实的香港公交路线数据上验证了模型的有效性，结果极具前景。这一阶段建立的论题，不仅理论有趣，而且具有实践意义，可以促进可持续公交车队管理策略的发展。

第二，我们研究了基于发车频率的混合车型公交车队管理问题，包括公交更换和路线优化。这一阶段是第一阶段的延伸，我们考虑了四种类型的替代车辆，即电动公交、压缩天然气公交、混合动力公交和柴油公交。与剩余寿命额外收益成本类似，我们提出了一种称为新生命附加效益成本分析的方法来解决混合车型公交车队管理问题。基于新生命附加效益成本，我们将混合公交车队管理问题表述为整数问题，然后将其转化为整数线性规划。我们提出了两种路径规划方法来解决充电问题，即单周期路径规划和多周期路径规划。结果表明，单周期路径规划方法会节省大量的计算工作，且不会大幅低估运营成本。最后，最佳车队规模和组成是通过逐步更换现有公交和购买新公交，同时在计划区间间优化每辆公交的路线分配来确定的。

第三，我们研究了基于车辆行车计划编制的混合车型公交车队管理问题，包括公交车队的路线安排和调度。在这个阶段，我们在行驶范围和充能约束下阐述了多车型多车站车辆行车计划编制问题。除了乘客时间－空间网络外，还生成了公交自适应网络，以精确解决里程和充能问题，这称为时间－空间－能源网络。基于这两种可行的流量网络，我们提出了一种混合整数线性规划来寻找全局最优解。为了提高计算效率，我们提出了一个基于时间－空间公交流网络的简化公式，即基于时间－空间网络的多车型多车站车辆行车计划编制问题，以找到更大规模运算的近似解，与前一种方法相比，其计算时间大大减少。此外，我们证明了通过使用基于时间－空间网络的多车型多车站车辆行车计划编制问题可以实现全局最优性，其条件是：①计划区间在加满油的公交的行程时间范围两倍之内；②网络的时间区间大于或等于公交加满油所需的时间。为了验证该模型，我们成功地将其应用于香港的真实运输服务。结果表明，经混合路线调度，公交的利用率提高了11%。另外，我们建议政府为购买电动公交提供30%的补贴，以减少道路路侧排放，这样至少可以挽救1433条生命和节约22亿美元。

第四，我们研究了行驶里程不确定下基于车辆行车计划编制的混合车型公交车队管理问题。在这个阶段，我们构建了一个框架来解决行驶里程不确定下多车型多车站充能站选址－路径规划－调度问题。为了解决行驶里程不确定性问题，我们提出了一个两阶段随机规划，并提出了行驶里程可靠性的概念来解决两阶段随机规划。在设计常规服务时，我们提出的公式能够在行驶里程不确定的情况下让常规服务和临时服务之间的权衡实现内化。通过采用第三阶段研究中提出的时间－空间－能源网络，精确解决充能问题和充能站选址问题，我们解决了新能源车辆路径规划和调度的三个主要问题，即不确定的行驶里程、充能问题和充能站选址问题。

第五，我们考虑了弹性因素，将时间可靠性与其他因素（例如等待时间、车内时间和费用）明确结合起来，对双车需求响应式公交（其中一个特例是单车需求响应式公交）进行了优化。非线性优化问题采用增广拉格朗日乘子法求解，并通过仿真进行了验证，显示了双车需求响应式公交在不同出行密度下的有效性和适用性，并和传统的单车需求响应式公交服务进行了比较。灵敏度分

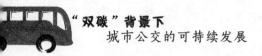

"双碳"背景下
城市公交的可持续发展

析揭示了几个参数对最优设计的影响。

第二节 对未来工作的建议

如下所述，该研究可以通过多种方式进行扩展。

首先，我们可以在混合车型公交车队管理上对基于发车频率和基于车辆行车计划编制的这两种方法加以评估。尽管在模拟低频预期服务方面存在一些重大限制，但迄今为止，基于发车频率的分配模型在实践中应用最为广泛。相对于基于车辆行车计划编制的模型，基于发车频率的分配模型的构建成本较低，并且从计算角度来看要求也较低。本研究的目的是针对公交车队管理问题来评估缺乏基于发车频率的模型建模能力到多大程度是可以接受的，这涉及对模型不准确度和模型提出成本进行最优化权衡。通过改变需求分布和供应配置，我们可以对一系列场景进行验证。然后我们可以对运营商和乘客的成本差异进行分析。

其次，我们可以根据基于发车频率的方法研究用户均衡乘客流动下的混合公交车队内公交路径规划问题。本研究可以考虑两种类型的服务：一种是在固定路线和时间表上运行的常规服务；另一种是电话叫车服务，因为利用了现有的道路网络，因此电话叫车服务实施起来更加经济。我们可以将两个服务网络整合为一个多模态网络，然后在用户均衡乘客流动下确定这两种服务类型的最佳组合。在用户均衡原则下，我们在阐述问题时可以将道路拥堵和交通拥挤纳入考量。通常，用户均衡下的网络设计问题可以表述为一个双层问题。在本研究中，我们可以引入变分不等式约束，从而将问题简化为单级问题，并提出线性规划以将问题重新表述为混合整数线性规划。

再次，需求不确定下的公交调度问题是另一个可以进一步探索的方向。基于我们在第四阶段研究中提出的框架，我们可以研究不确定行驶里程和不确定需求下的车辆位置－路线－调度问题。在本研究中我们仍考虑了两种类型的服务，即常规服务和临时服务。我们以后将就不确定需求和不确定行驶里程对设计常规服务部署方案的综合影响进行研究。

最后，开发同时为相反方向的乘客提供服务的需求响应式公交系统而不是单独提供单向服务是一个可能的研究方向。另一个可能的研究方向是放松线性弹性需求函数的假设。此外，虽然采用简单的操作环境可以进行更直接的灵敏度分析，但将模型与实际乘客数据进行拓展以反映更真实的情况是一个必不可少的课题。

150

附　录

附录一　第三章车辆排放方程

第三章中重量>18吨，100%装载的柴油公交的车辆排放方程（来源：EMEP/EEA air pollutant emission inventory guidebook 2009）

排放类型	车辆技术	y=排放量（单位：g/km），x=速度（单位：km/h）	a	b	c	d	e
CO	前欧盟	$y = a + bv + \dfrac{(c-b)(1-\exp(-dv))}{d}$	33.14253	-0.04304	-2.47093	0.090938	#N/A
	欧 I	$y = \exp(a + \dfrac{b}{v}) + c\ln(v)$	4.773259	-4.41201	-0.98776	#N/A	#N/A
	欧 II	$y = \exp(a + \dfrac{b}{v}) + c\ln(v)$	5.565393	-6.20136	-1.22873	#N/A	#N/A
	欧 III	$y = \exp(a + \dfrac{b}{v}) + c\ln(v)$	5.494445	-6.32505	-1.20008	#N/A	#N/A
	欧 IV	$y = a + bv + \dfrac{(c-b)(1-\exp(-dv))}{d}$	1.315256	-0.00082	-0.08257	0.069846	#N/A

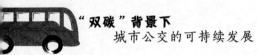

"双碳"背景下
城市公交的可持续发展

续表

排放类型	车辆技术	$y=$排放量（单位：g/km），$x=$速度（单位：km/h）	a	b	c	d	e
PM$_{2.5}$	前欧盟	$y = e + a\exp(-bv) + c\exp(-dv)$	1.791191	0.038256	3.966837	0.135693	0.419165
	欧 I	$y = \dfrac{1}{cv^2 + bv + a}$	0.39948	0.047608	-0.00011	#N/A	#N/A
	欧 II	$y = \exp\left(a + \dfrac{b}{v}\right) + c\ln(v)$	1.965461	-4.8008	-0.8111	#N/A	#N/A
	欧 III	$y = c + a\exp(-bv)$	0.558096	0.05522	0.121562	#N/A	#N/A
	欧 IV	$y = e + a\exp(-bv) + c\exp(-dv)$	0.166138	0.059664	0.410746	0.301384	0.017575
NO$_x$	前欧盟	$y = av^3 + bv^2 + cv + d$	-0.00013	0.021971	-1.3637	46.38288	#N/A
	欧 I	$y = av^3 + bv^2 + cv + d$	-0.00011	0.017984	-1.03687	31.17394	#N/A
	欧 II	$y = a + bv + \dfrac{(c-b)(1-\exp(-dv))}{d}$	36.29923	-0.03673	-1.74478	0.069118	#N/A
	欧 III	$y = a + bv + \dfrac{(c-b)(1-\exp(-dv))}{d}$	56.22678	-0.07843	-4.93365	0.111534	#N/A
	欧 IV	$y = a + bv + \dfrac{(c-b)(1-\exp(-dv))}{d}$	24.91316	-0.03709	-1.65289	0.090223	#N/A

续表

排放类型	车辆技术	$y=$排放量（单位：g/km），$x=$速度（单位：km/h）	a	b	c	d	e
FC*	前欧盟	$y = a + bv + \dfrac{(c-b)\left[1-\exp(-dv)\right]}{d}$	1321.673	−1.28005	−70.3253	0.073886	#N/A
	欧 I	$y = c + a\exp(bv)$	743.6589	−0.05534	260.8661	#N/A	#N/A
	欧 II	$y = c + a\exp(bv)$	646.0476	−0.04979	253.531	#N/A	#N/A
	欧 III	$y = c + a\exp(bv)$	676.1323	−0.05075	260.9267	#N/A	#N/A
	欧 IV	$y = c + a\exp(bv)$	675.7683	−0.05343	247.4274	#N/A	#N/A

排放类型	车辆技术 i	参数值	
CO_2	$E_{CO_2,i,Diesel} =$ $\dfrac{FC_{i,Diesel}}{44.011 \times 12.011 + 1.008\, r_{H:C,Diesel} + 16.000\, r_{O:C,Diesel}}$	$r_{H:C,Diesel}^{*}$	$r_{O:C,Diesel}^{*}$
		2	0
SO_2	$E_{SO_2,i} = 2 \times k_{S,Diesel} \times FC_{i,Diesel}$	$k_{S,Diesel}^{*}$	
		0.00005	

备注：

范围 v 为 6~75 km/h

FC=燃料燃烧

$r_{H:C,Diesel}$ 和 $r_{H:C,Diesel}$ 分别是柴油的氢碳比和氧碳比

$k_{S,Diesel}$ 是柴油中的硫含量，在中国香港地区等于 0.00005（香港立法会，2005）

153

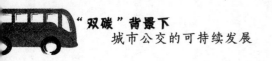

附录二 第五章符号汇总

集合	
对应公交乘客流动网络的集合	
A_i^b	公交乘客流动网络的弧集 $G(V^b, A_i^b)/\hat{G}(V^b, A_i^b)$
$A_{i,\pi}^b$	在时间 π，$\pi \in \Pi_i$ 之前结束的公交乘客流动网络 $\hat{G}(V^b, A_i^b)$ 的弧集
$A_i^{b,\pi}$	在时间 π，$\pi \in \Pi_i$ 之前开始的公交乘客流动网络 $\hat{G}(V^b, A_i^b)$ 的弧集
D_i^b	公交乘客流动网络 $G(V^b, A_i^b)/\hat{G}(V^b, A_i^b)$ 的空驶弧集
F	时间扩展充能站集
I	使用不同能源的公交型集，$I = \{1, 2, \cdots, i\}$
N	表示在网络 $\hat{G}(V^b, A_i^b)$ 中行驶的特定 i 型公交的指数集，$N = \{1, 2, \cdots, n\}$
O^b	车站集
S_i^b	公交乘客流动网络 $G(V^b, A_i^b)/\hat{G}(V^b, A_i^b)$ 中的服务弧集
T^b	时间扩展公交总站
V^b	节点集 $V^b = O^b \cup T^b \cup F$
W_i^b	公交乘客流动网络 $G(V^b, A_i^b)/\hat{G}(V^b, A_i^b)$ 中的等待弧集
Π	计划区间内的时间区间，$\Pi = \{1, 2, \cdots, \pi\}$
乘客流动网络对应集合	
A^d	第 d 个乘客流动网络中的弧集（用于起点—终点对 d 的需求）
D^d	第 d 个乘客流动网络中的绕行弧集（用于起点—终点对 d 的需求）
D_1^d	第 d 个乘客流动网络中的步行弧集（用于起点—终点对 d 的需求）
D_2^d	第 d 个乘客流动网络中的需求弧集（用于起点—终点对 d 的需求）
O^d	第 d 个乘客流动网络中的时间扩展需求集（用于起点—终点对 d 的需求）
R	起点—终点对集
S^d	第 d 个乘客流动网络中的服务弧集（用于起点—终点对 d 的需求）
T^d	第 d 乘客流动网络中的时间扩展公交总站集（针对起点—终点对 d 的需求）

集合	
T_1^d	起点—终点对公交始发站集
T_2^d	起点—终点对 d，$d \in R$ 的时间扩展公交终点站集
U^d	第 d 个乘客流动网络中每日服务结束时未满足的需求集（针对起点—终点对 d 的需求）
V^d	第 d 个乘客流动网络中的节点集（用于起点—终点对 d 的需求）
W^d	第 d 个乘客流动网络中的等待弧集（用于起点—终点对 d 的需求）
输入参数	
B_d^{jk}	起点—终点对 d 在链接 (j,k) 上的需求
C_i	i 型公交的单位公交运行成本
c^{jk}	路段 (j,k) 的道路通行能力
d^{jk}	从 j 到 k 的行驶距离
e_i^j	在公交乘客流动网络 $G(V^b, A_i^b)/\acute{G}(V^b, A_i^b)$ 中节点 j 的能源消耗
$\widehat{e_i^k}$	i 型公交前往节点 k 的累计能源消耗
E_i^{jk}	i 型公交在链接 (j,k) 上行驶的单位外部排放成本
$G(V^b, A_i^b)$	i 型公交的公交时间—空间—能源网络
$\acute{G}(V^b, A_i^b)$	i 型公交的公交时空网络
i	使用不同能源的公交类型
(j,k)	连接节点 j 和 k 的可行弧
K_i	i 型公交允许的最大车队规模
Q_i	i 型公交的能源容量
q^{jk}	i 型公交在链接 (j,k) 上行驶的能源消耗
r_d^{jk}	表明弧 (j,k) 是否在乘客流动网络 $G(V^d, A^d)$ 中的指标
t^{jk}	从节点 j 到 k 的行程时间
t_i^r	i 型公交的充能时间
U	表明为弧 (j,k) 是否在网络 $G(V^b, A_i^b)$ 中的指标集，$U = \{u_i^{jk}\}$
v	平均行驶速度
V_i^1	将 i 型公交所有的单位成本
V_i^2	将 i 型公交充能站所有的单位成本

输入参数	
V_u^{jk}	对链接 (j,k) 上需求丢失的罚款
V_s^{jk}	通行于链接 (j,k) 上的乘客时间价值
γ_m^{jk}	车辆质量调整参数
γ_v^{jk}	速度调整参数
ζ_i	i 型公交的公交容量
η_i	i 型公交的能源消耗率
ξ_e	能源步
ξ_t	时间区间的持续时长
σ	安全行驶里程率
σ'	启动充能率
τ_i^i	公交乘客流动网络 $G(V^b, A_i^b)/\hat{G}(V^b, A_i^b)$ 中到达节点 j 的时间
Ψ_i^{jk}	沿弧 (j,k) 行驶的 i 型公交进入的低排放区的收费价格
$\bar{\omega}$	极大正数
决策变量	
W	表明 i 型公交的充能站 g 是否在使用中的二元决策变量集，$W = \{W_{ig}\}$
X	表示起点—终点对 d 从节点 j 到节点 k 乘客流动的整数决策变量集，$X = \{X_d^{jk}\}$
Y	整数决策变量集，表示在公交乘客流动网络 $G(V^b, A_i^b)$ 链路 (j,k) 上行驶的公交乘客流动，$Y = \{Y_i^{jk}\}$
$\hat{Y}$	二元决策变量集，表示在公交乘客流动网络 $\hat{G}(V^b, A_i^b)$ 中，i 型公交 n 是否通过了弧 (j,k)，$\hat{Y} = \{\hat{Y}_{in}^{jk}\}$
$\overline{Y}$	二进制变量集，表明在公交乘客流动网络 $G(V^b, A_i^b)$ 中，i 型公交 n 是否通过了弧 (j,k) $\overline{Y} = \{\overline{Y}_{in}^{jk}\}$

附录三　第六章中基于行驶里程可靠性的随机规划法

基于行驶里程可靠性的随机公式可以表示为：

$$\min_{W,X,Y,Z,\rho} \psi(\rho) = V_s(X_1^{12} + X_2^{23}) + V_E^1(W_{EA} + W_{EB}) + V_E^2(Y_{EO_A}^{O_A 1} + Y_{EO_B}^{O_B 2'}) +$$

$$\sum_{h\in H} \frac{1}{n}(C_E + E_E) \left\{ \begin{array}{l} d^{AB}\eta_{E,h}^{AB}[Y_{EO_A}^{12} + (1-m_1)Y_{EO_B}^{3'O_B} + m_1 Y_{EO_B}^{RS_A 4 O_B}] + \\ d^{BA}\eta_{E,h}^{BA}[Y_{EO_B}^{2'3'} + (1-m_1)(Y_{EO_A}^{23} + Y_{EO_A}^{2O_A}) + m_1 Y_{EO_A}^{RS_B 3 O_A}] \end{array} \right\} + Q_2$$

$$(1)$$

第一阶段问题

$$\min_{X,Y} Q_1 = V_s(X_1^{12} + X_2^{23}) + V_E^1(W_{EA} + W_{EB}) + V_E^2(Y_{EO_A}^{O_A 1} + Y_{EO_B}^{O_B 2'}) +$$

$$(C_E + E_E) \left\{ \begin{array}{l} d^{AB}\bar{\eta}_{E,h}^{AB}[Y_{EO_A}^{12} + (1-m_1)Y_{EO_B}^{3'O_B} + m_1 Y_{EO_B}^{RS_A 4 O_B}] + \\ d^{BA}\bar{\eta}_{E,h}^{BA}[Y_{EO_B}^{2'3'} + (1-m_1)(Y_{EO_A}^{23} + Y_{EO_A}^{2O_A}) + m_1 Y_{EO_A}^{RS_B 3 O_A}] \end{array} \right\} \quad (2)$$

约束条件：

公交网络约束：

$$\bar{\eta}_E^{AB} = \rho_1(b_1 - a_1) + a_1, \bar{\eta}_E^{BA} = \rho_2(b_2 - a_2) + a_2 \tag{3}$$

$$u_E^{O_A 1} = 1, u_E^{12} = 1, u_E^{23} = 1, u_E^{2O_A} = 1, u_E^{3O_A} = 1,$$

$$u_E^{O_B 2'} = 1, u_E^{2'3'} = 1, u_E^{3'O_B} = 1 \quad \text{if } d^{AB}\bar{\eta}_E^{AB} + d^{BA}\bar{\eta}_E^{BA} \leqslant Q_E \tag{4}$$

$$u_E^{O_A 1} = 1, u_E^{12} = 1, u_E^{2RS_B 3} = 1, u_E^{RS_B 3 O_A} = 1,$$

$$u_E^{O_B 2'} = 1, u_E^{2'3'} = 1, u_E^{3'RS_A 4} = 1, u_E^{RS_A 4 O_B} = 1 \quad \text{if } d^{AB}\bar{\eta}_E^{AB} + d^{BA}\bar{\eta}_E^{BA} > Q_E \tag{5}$$

乘客网络约束：

$$r_1^{2O^1} = 1, r_1^{12} = 1 \tag{6}$$

$$r_2^{3O^2} = 1, r_2^{23} = 1 \tag{7}$$

公交连接约束：

$$Y_{EO_A}^{O_A 1} = (1-m_1)(Y_{EO_A}^{2O_A} + Y_{EO_A}^{3O_A}) + m_1 Y_{EO_A}^{RS_B 3 O_A}, \quad Y_{EO_A}^{O_A 1} = Y_{EO_A}^{12},$$

$$Y_{EO_A}^{12} = (1-m_1)(Y_{EO_A}^{2O_A} + Y_{EO_A}^{23}) + m_1 Y_{EO_A}^{2RS_B 3},$$

$$Y_{EO_A}^{23} = Y_{EO_A}^{3O_A}, \quad Y_{EO_A}^{2RS_B 3} = Y_{EO_A}^{RS_B 3 O_A},$$

$$Y_{EO_B}^{O_B 2'} = (1-m_1)Y_{EO_B}^{3'O_B} + m_1 Y_{EO_B}^{RS_A 4 O_B}, \quad Y_{EO_B}^{O_B 2'} = (1-m_1)Y_{EO_B}^{2'3'} + m_1 Y_{EO_B}^{2'3'},$$

$$Y_{EO_B}^{2'3'} = (1-m_1)Y_{EO_B}^{3'O_B} + m_1 Y_{EO_B}^{3'RS_A 4}, \quad Y_{EO_B}^{3'RS_A 4} = Y_{EO_B}^{RS_A 4 O_B} \tag{8}$$

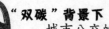
乘客流动守恒约束：

$$X_1^{12} = B_1^1, X_1^{12} - X_1^{2O} = 0 \tag{9}$$

$$X_2^{23} = B_2^2, X_2^{23} - X_2^{3O} = 0 \tag{10}$$

容量约束：

$$X_1^{12} \leqslant Y_{EO_A}^{12} \zeta_E, X_2^{23} \leqslant (1-m_1) Y_{EO_A}^{23} \zeta_E + Y_{EO_B}^{2'3'} \zeta_E \tag{11}$$

充能站约束：

$$\frac{1}{\bar{\omega}} Y_{EO_B}^{3'RS_A4} \leqslant W_{EA} \tag{12}$$

$$\frac{1}{\bar{\omega}} Y_{EO_A}^{2RS_B3} \leqslant W_{EB} \tag{13}$$

变量类型：

$$X \in \mathbf{R}_0^+, Y \in \mathbf{N} \tag{14}$$

$$m_1 = \begin{cases} 0, d^{AB}[\rho_1(b_1 - a_1) + a_1] + d^{BA}[\rho_2(b_2 - a_2) + a_2] \leqslant Q_E \\ 1, d^{AB}[\rho_1(b_1 - a_1) + a_1] + d^{BA}[\rho_2(b_2 - a_2) + a_2] > Q_E \end{cases} \tag{15}$$

$$\rho_1, \rho_2 \in [0, 1] \tag{16}$$

第二阶段问题

$$Q_2(\rho) = \sum_{h \in H}^{n^2} \frac{1}{n^2} Q_{2,h}$$

$$\min_Z Q_{2,h} = (C_z + E_z)(d^{AB} \eta_z^{AB} Z_h^{12} + d^{BA} \eta_z^{BA} Z_h^{23}) \tag{17}$$

约束条件：

公交网络约束：

$$\eta_{E,h}^{AB}, \eta_{E,h}^{BA} \tag{18}$$

$$u_E^{O_A1} = 1, u_E^{12} = 1, u_E^{23} = 1, u_E^{2O_A} = 1, u_E^{3O_A} = 1, u_E^{O_B2'} = 1,$$

$$u_E^{2'3'} = 1, u_E^{3'O_B} = 1 \quad \text{if } d^{AB} \eta_{E,h}^{AB} + d^{BA} \eta_{E,h}^{BA} \leqslant Q_E \tag{19}$$

$$u_E^{O_A1} = 1, u_E^{12} = 1, u_E^{2RS_B3} = 1, u_E^{RS_B3O_A} = 1, u_E^{O_B2'} = 1, u_E^{2'3'} = 1,$$

$$u_E^{3'RS_A4} = 1, u_E^{RS_A4O_B} = 1 \quad \text{if } d^{AB} \eta_{E,h}^{AB} + d^{BA} \eta_{E,h}^{BA} > Q_E \tag{20}$$

行程替代约束：

$$Z_h^{12} \zeta_z \geqslant X_1^{12} \quad \text{if } \eta_{E,h}^{AB} d^{AB} > Q_E \tag{21}$$

$$Z_h^{23} \zeta_z \geqslant (1-m_1) \min(X_1^{12}, X_2^{23}) \quad \text{if } \eta_{E,h}^{AB} d^{AB} + \eta_{E,h}^{BA} d^{BA} > Q_E \tag{22}$$

变量类型：

$$Z \in \mathbf{N} \tag{23}$$

附录四　第六章中基于行驶里程可靠性的精确解

我们来详细讨论小型网络案例基于行驶里程可靠性的精确解的推导过程。(ρ_1, ρ_2)为两次服务行程的行驶里程可靠性。针对因能源短缺而需要临时服务来处理预期行程未完成的情况，在这个小型案例中，$b_1 d^{AB}$ 和 $b_2 d^{BA}$ 都小于或等于 Q_E，而它们的总和（分别为 30 和 40）大于 Q_E。临时服务的数量可以从下面推导得出。x 和 y 分别为从 A 到 B 和从 B 到 A 的行程实现能源消耗。

对于在时间 1 从 A 到 B 的行程，在实现能源消耗的情况下只有当第一次行程（1，2）的常规服务能源不够时才需要临时服务。在这种情况下，由于 $b_1 d^{AB} \leqslant Q_E$，所以不需要临时服务。因此行驶在（1，2）上的临时服务预期数量为零。

$$\overline{Z}^{12} = 0$$

对于在时间 2 从 B 到 A 的行程，我们在两种情况下对其进行讨论，并拟用二元变量 m_1 表示出每种情况：① $d^{AB}\left[\rho_1(b_1-a_1)+a_1\right]+d^{BA}\left[\rho_2(b_2-a_2)+a_2\right] \geqslant Q_E, where\, m_1 = 1$。② $d^{AB}\left[\rho_1(b_1-a_1)+a_1\right]+d^{BA}\left[\rho_2(b_2-a_2)+a_2\right] < Q_E, where\, m_1 = 0$。在第一种情况中，我们部署了能源全满的公交来执行第二次行程。因此，因为 $b_2 d^{BA} \leqslant Q_E$，所以不需要临时服务。对于第二种情况，我们只关心执行第一趟和第二趟两趟行程的公交。请注意，仅当这两次行程的实际能源消耗大于公交的能源容量 Q_E 时才需要临时服务，即 $x+y>Q_E$。因此，我们考虑的是 $y>Q_E-x$ 下的 y 值。

我们首先考虑当第二次行程不需要临时服务时的 x 的下限以及 x 的分布范围，即 $\max(Q_E-b_2 d^{BA}, a_1 d^{AB})$。然后我们需要考虑 $Q_E-a_2 d^{BA}$ 和 $b_1 d^{AB}$ 两者之间的关系。如果 $Q_E-a_2 d^{BA} < b_1 d^{AB}$，$x$ 的积分范围将分为两个范围：$(\max(Q_E-b_2 d^{BA}, a_1 d^{AB}), Q_E-a_2 d^{BA})$ 和 $(Q_E-a_2 d^{BA}, b_1 d^{AB})$。当 $(Q_E-a_2 d^{BA}, b_1 d^{AB})$，$\dfrac{b_2 d^{BA}-(Q_E-x)}{(b_2-a_2)d^{BA}}$ 项表示 y 大于剩余能源水平的概率；$\dfrac{1}{(b_1-a_1)d^{AB}}$ 项为行程（1，2）上实现能源消耗的概率密度函数。当 $x \in (Q_E-a_2 d^{BA}, b_1 d^{AB})$，由于 y 的下限大于剩余能源水平，因此需要一直调用临时服务。另外，如果 $Q_E-a_2 d^{BA} \geqslant b_1 d^{AB}$，我们则只需要考虑 $(\max(Q_E-b_2 d^{BA}, a_1 d^{AB}), b_1 d^{AB})$ 范围内的 x。$\min\left(\left[\dfrac{X_1^{12}}{\zeta_z}\right], \left[\dfrac{X_2^{23}}{\zeta_z}\right]\right)$ 项表

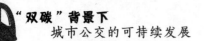

示 y 大于剩余能源水平条件下的临时服务数量，其中 X_d^{jk} 是起点—终点对 d 从节点 j 到节点 k 的乘客流动，ζ_z 为临时公交的容量。

总之，行驶在（2，3）上的临时服务预期数量公式如下，

$$\overline{Z}^{23} = (1-m_1)\min\left(\left[\frac{X_1^{12}}{\zeta_z}\right],\left[\frac{X_2^{23}}{\zeta_z}\right]\right)\left[\int_{\max(Q_E - b_2 d^{BA}, a_1 d^{AB})}^{\min(Q_E - a_2 d^{BA}, b_1 d^{AB})}\left(\frac{b_2 d^{BA} - (Q_E - x)}{(b_2 - a_2)d^{BA}}\right)\frac{1}{(b_1 - a_1)d^{AB}}dx + \right.$$

$$\left.\int_{\min(Q_E - a_2 d^{BA}, b_1 d^{AB})}^{b_1 d^{AB}}\frac{1}{(b_1 - a_1)d^{AB}}dx\right] = \min\left(\left[\frac{X_1^{12}}{\zeta_z}\right],\left[\frac{X_2^{23}}{\zeta_z}\right]\right)(1-m_1)\left\{\left[1 - \frac{(a_1 d^{AB} + a_2 d^{BA} - Q_E)^2}{2(b_1 - a_1)(b_2 - a_2)d^{AB}d^{BA}}\right] + \right.$$

$$\left. m_2\left[\frac{(a_1 d^{AB} + b_2 d^{BA} - Q_E)^2}{2(b_1 - a_1)(b_2 - a_2)d^{AB}d^{BA}}\right] + m_3\left[\frac{(b_1 d^{AB} + a_2 d^{BA} - Q_E)^2}{2(b_1 - a_1)(b_2 - a_2)d^{AB}d^{BA}}\right]\right\}$$

$$m_1 = \begin{cases} 0, d^{AB}\left[\rho_1(b_1 - a_1) + a_1\right] + d^{BA}\left[\rho_2(b_2 - a_2) + a_2\right] < Q_E \\ 1, d^{AB}\left[\rho_1(b_1 - a_1) + a_1\right] + d^{BA}\left[\rho_2(b_2 - a_2) + a_2\right] \geqslant Q_E \end{cases}$$

$$m_2 = \begin{cases} 0, Q_E - b_2 d^{BA} < a_1 d^{AB} \\ 1, Q_E - b_2 d^{BA} \geqslant a_1 d^{AB} \end{cases}$$

$$m_3 = \begin{cases} 0, Q_E - a_2 d^{BA} < b_1 d^{AB} \\ 1, Q_E - a_2 d^{BA} \geqslant b_1 d^{AB} \end{cases}$$

此外，附录三公式（1）的第二项，即常规服务的运营和排放成本，以积分的形式表示为预期成本：

$$(C_E + E_E)\left\{d^{AB}\left[Y_{EO_A}^{12} + (1-m_1)Y_{EO_B}^{3'O_B} + m_1 Y_{EO_B}^{RS_A 4O_B}\right]\int_{a_1}^{b_1}\frac{x}{b_1 - a_1}dx + \right.$$

$$\left. d^{BA}\left[Y_{EO_B}^{2'3'} + (1-m_1)(Y_{EO_A}^{23} + Y_{EO_A}^{2O_A}) + m_1 Y_{EO_A}^{RS_B 3O_A}\right]\int_{a_2}^{b_2}\frac{x}{b_2 - a_2}dx\right\}$$

$$= 0.5(C_E + E_E)\left\{d^{AB}(\frac{b_1^2 - a_1^2}{b_1 - a_1})\left[Y_{EO_A}^{12} + (1-m_1)Y_{EO_B}^{3'O_B} + m_1 Y_{EO_B}^{RS_A 4O_B}\right] + \right.$$

$$\left. d^{BA}(\frac{b_2^2 - a_2^2}{b_2 - a_2})\left[Y_{EO_B}^{2'3'} + (1-m_1)(Y_{EO_A}^{23} + Y_{EO_A}^{2O_A}) + m_1 Y_{EO_A}^{RS_B 3O_A}\right]\right\}$$

通过对临时服务的预期数量进行闭式表达，我们将小型网络问题的随机公式表达如下：

$$\min_{w,X,Y,\rho} V_s(X_1^{12} + X_2^{23}) + V_E^1(W_{EA} + W_{EB}) + V_E^2(Y_{EO_A}^{O_1} + Y_{EO_B}^{2'}) + $$

$$0.5(C_E + E_E)\left\{d^{AB}(\frac{b_1^2 - a_1^2}{b_1 - a_1})\left[Y_{EO_A}^{12} + (1-m_1)Y_{EO_B}^{3'O_B} + m_1 Y_{EO_B}^{RS_A 4O_B}\right] + \right.$$

$$\left. d^{BA}(\frac{b_2^2 - a_2^2}{b_2 - a_2})\left[Y_{EO_B}^{2'3'} + (1-m_1)(Y_{EO_A}^{23} + Y_{EO_A}^{2O_A}) + m_1 Y_{EO_A}^{RS_B 3O_A}\right]\right\} + $$

$$(C_z + E_z)d^{BA}\eta_z^{BA}\min\left(\left[\frac{X_1^{12}}{\zeta_z}\right],\left[\frac{X_2^{23}}{\zeta_z}\right]\right)(1-m_1)\left\{\left[1 - \frac{(a_1 d^{AB} + a_2 d^{BA} - Q_E)^2}{2(b_1 - a_1)(b_2 - a_2)d^{AB}d^{BA}}\right] \right.$$

$$\left. + m_2\left[\frac{(a_1 d^{AB} + b_2 d^{BA} - Q_E)^2}{2(b_1 - a_1)(b_2 - a_2)d^{AB}d^{BA}}\right] + m_3\left[\frac{(b_1 d^{AB} + a_2 d^{BA} - Q_E)^2}{2(b_1 - a_1)(b_2 - a_2)d^{AB}d^{BA}}\right]\right\}$$

约束条件：

附录三公式（3）～公式（16）

$$(m_1-0.5)(Q_E-d^{AB}[\rho_1(b_1-a_1)+a_1]-d^{BA}[\rho_2(b_2-a_2)+a_2])\leqslant 0$$
$$(m_2-0.5)(a_1d^{AB}+b_2d^{BA}-Q_E)\leqslant 0$$
$$(m_3-0.5)(b_1d^{AB}+a_2d^{BA}-Q_E)\leqslant 0$$
$$m_1,m_2,m_3\in\{0,1\}$$

附录五　第六章时间区间持续时长的敏感性分析

一般来说，时间区间较长会导致估算的成本增加。由于时间区间变长，公交的可行移动会减少，车辆资源将得不到充分利用，从而导致总成本增加。另外，如果时间区间较短，可以安排的可行移动增加，总成本降低。然而，较短的时间区间会显著增加计算负担。因此，选择合适的时间区间持续时长ξ_t很重要，尤其是对于较大型的案例研究来说。因此，我们对ξ_t进行了敏感性分析，以探索如何在预期总成本和计算时间之间权衡。

根据第六章第四节中的大部分设置，我们把问题考虑成白天最后 6h（13：00—19：00）的 6 条公交线路，并分隔成 15min/30min/60min/120min 的区间。为简化起见，我们假设电动公交的能源容量为 80kW·h。结果显示在附图 5-1。

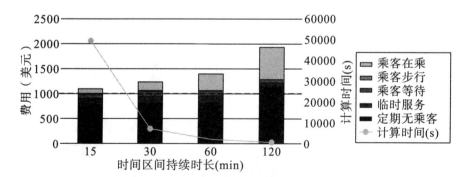

附图5-1　时间区间持续时长对成本和计算时间的敏感性分析

对于所有场景，需求都没有丢失。乘客成本包括出行时间成本、步行时间成本和等待时间成本。直观上，随着时间区间持续时长的增加，乘客的出行时间成本显著增加。由于乘客出行时间成本是通过将每个时间区间的客乘客流动和单位成本相乘来计算的，所以持续时间越长，单位成本就越高。因此，即使

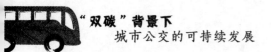

在现实中乘客的出行时间相同，其出行的时间成本也会不同。为了公平比较，我们不将乘客的出行时间成本包括在内；相反，我们比较了其他项目的综合成本，包括常规公交成本、临时公交成本、乘客等待时间成本和乘客步行时间成本。以每次时长为 15min 的时间区间为基线（附图 5-1 中的计算时间），结果表明，与 30min、60min 和 120min 的时间区间持续时长相对应，综合成本分别增加了 5%、6% 和 22%。相反，计算时间分别显著减少了 85%、96% 和 99%。总之，我们选择的时间区间持续时长为 60min，其以估算成本增加 6% 为代价，节省了 96% 的计算时间。在任何情况下，本研究都仅考虑总站到总站的时间表，不考虑中间站，从一个总站到另一个总站的公交行程通常需要大约 1h，这与所采用的时间区间持续时长相符。可以想象，在公交行程更长或更短的其他背景下，选取不同的时间区间持续时长可能会得到更好的结果。

附录六　第六章符号汇总

集合	
对应公交乘客流动网络的集合	
A_{io}	公交乘客流动网络中的弧集 $G(V, A_{io})$
D_{io}	公交乘客流动网络中的空驶弧集 $G(V, A_{io})$
F	时间扩展充能站集
I	使用不同能源的公交类型集，$I = \{1, 2, \cdots, i\}$
O	车站集，$O = \{1, 2, \cdots, o\}$
S_{io}	公交乘客流动网络中服务弧集 $G(V, A_{io})$
T	时间扩展公交总站集
U	指标集，表示弧 (j, k) 是否在网络 $G(V, A_{io})$ 中，$U = \{u_{io}^{jk}\}$
V	节点集 $V = O \cup T \cup F$
W_{io}	公交乘客流动网络中的等待弧集 $G(V, A_{io})$
乘客流动网络对应集合	
A^d	第 d 个乘客流动网络中的弧集（用于起点—终点对 d 的需求）
D_1^d	第 d 个乘客流动网络中的步行弧集（用于起点—终点对 d 的需求）
D_2^d	第 d 个乘客流动网络中的需求弧集（用于起点—终点对 d 的需求）

集合	
O^d	第 d 个乘客流动网络中的已满足需求集（针对起点—终点对 d 的需求）
R	起点—终点对集
S^d	第 d 个乘客流动网络中的服务弧集（用于起点—终点对 d 的需求）
T^d	第 d 乘客流动网络中的时间扩展公交总站集（针对起点—终点对 d 的需求）
T_1^d	起点—终点对时间扩展公交始发站集 d，$d \in R$
T_2^d	起点—终点对时间扩展公交终点站集 d，$d \in R$
U^d	第 d 个乘客流动网络中未满足的需求集（对于起点—终点对 d 的需求）
V^d	第 d 个乘客流动网络中的节点集（用于起点—终点对 d 的需求）
W^d	第 d 个乘客流动网络中的等待弧集（用于起点—终点对 d 的需求）
输入参数	
B_d^j	起点—终点对 d 在链接（j，k）上的需求
C_i	与用于常规服务的 i 型公交燃料和维护成本相关的单位能源消耗运营成本
C_z	用于临时服务的公交单位能源消耗运行成本
d^{jk}	从 j 到 k 的行驶距离
e_i^j	公交乘客流动网络 $G(V, A_{io})$ 中节点 j 的能源消耗
E_i	用于常规服务的 i 型公交单位外部排放成本
E_z	用于临时服务的公交单位外部排放成本
$G(V, A_{io})$	有车站 o 的 i 型公交时间—空间—能源网络
h	能源消耗实现指标，$h \in H$
i	使用不同能源的公交类型
(j, k)	连接节点 j 和 k 的可行弧
K_i	i 型公交允许的最大车队规模
o	车站
p_h	特定能源消耗实现 h 的概率
Q_i	i 型公交的能源容量
r_d^{jk}	表明弧（j，k）是否在乘客流动网络 $G(V^d, A^d)$ 中的指标
$S_{i,h}^d$	在场景 h 下，恢复的正常运行前需要由临时服务替换的不完整预期行程

输入参数	
t^{jk}	从节点 j 到 k 的行程时间
t_i^r	i 型公交的充能时间
v	平均行驶速度
V_i^1	将 i 型公交充能站所有的单位成本
V_i^2	将 i 型公交所有的单位成本
V_u^{jk}	链接 (j,k) 上对每位乘客未满足需求的罚款
V_s^{jk}	通过链接 (j,k) 的每位乘客的货币成本
z	提供临时服务的公交类型
β	需求丢失率
ζ_i / ζ_z	i 型常规公交与临时公交容量之比
η_i	i 型公交能源消耗率
ξ_e	能源步
ξ_t	时间区间持续时长
σ	安全驾驶比
τ_i^j	公交乘客流动网络 $G(V, A_{io})$ 中到达节点 j 的时间
φ	启动充能比
χ_i^r	i 型公交的充能能源
$\bar{\omega}$	极大正数
决策变量	
W	二元决策变量集，表明 i 型公交的充能站 g 是否正在使用中，$W = \{W_{ig}\}$
X	真实决策变量集，表明起点—终点对 d 从节点 j 到节点 k 的乘客流动，$X = \{X_d^{jk}\}$
Y	整数决策变量集，表示在公交乘客流动网络 $G(V, A_{io})$ 中行驶在链路 (j,k) 上的公交乘客流动 $Y = \{Y_{io}^{jk}\}$
Z	整数决策变量集，表示在情景 h 下从节点 j 到节点 k 的临时服务公交乘客流动，$Z = \{Z_h^{jk}\}$
ρ	表示行驶里程可靠性的真实决策变量集，$\rho = \{\rho_i^{jk}\}$

附录七　第七章符号汇总

见附表 7-1。

附表 7-1　变量定义

变量	定义	基线值
A	服务区域（km²）	—
CC_1C_2	总运营成本（美元）	—
C_f	固定成本［美元/（机器·h⁻¹）］	30
C_0	成本系数函数（美元/km）	1.5ᵃ
D	一次公交之旅的距离（km）	—
ff_1f_2	系统票价（美元）	—
FFs	利润（美元）和单位时间利润（美元/h）	—
GG_1G_2	消费者利益（美元）	—
HH_1H_2	一次公交之旅的时间（h）	—
$H_v H_v{}^1 H_v{}^2$	一次公交之旅的车载时间（h）	—
$H_w H_w{}^1 H_w{}^2$	一次公交之旅的等待时间（h）	—
k	TSP 最佳行驶距离方程中的常数	1.15
LW	服务区域的长和宽（km）	—
l_f	负载系数	1.0
l	线路传输距离（km）	1.0
nn_1n_2	一次行程的乘客人数	—
N	车辆容量（座位）	—
P	收入（美元）	—
R	服务区长宽比	—
YY_3	社会福利（美元）和单位时间社会福利（美元/h）	—
UU_1U_2	消费者剩余（美元）	—
v	车辆平均速度（km/h）	30
$\alpha_1\alpha_2\alpha_3\alpha_4\alpha_5$	式（7.6）中的系数	—

变量	定义	基线值
e_f	票价弹性系数	0.07
e_v	车载时间弹性系数	0.35
e_w	等待时间弹性系数	0.7
e_σ	运行时间标准偏差弹性系数	0.49
γ	成本函数与车辆容量的相对梯度	0.005
σ_H	运行周期时间的标准偏差（h）	—
$\sigma_1\sigma_2$	子区域1和子区域2行程长度的标准差	—
η	每位乘客上下车的时间成本［美元/（乘客·km^{-1}）］	0.006[a]
λ_0	潜在需求密度［人/（km^2·h^{-1}）］	—
$\lambda\lambda_1\lambda_2$	实际需求密度［人/（km^2·h^{-1}）］	—

附录八 第七章最优旅行长度标准差分析

基于从 MATLAB 2018b 获得的仿真数据，建立回归模型来估计 TSP 最优行程长度的标准差。首先通过将边长由 10 变为 50，间隔为 5，生成 9 个正方形；然后将长宽比由 1 变为 8，间隔为 1。最终得到 72（8×9）个虚拟服务区域。请求点的数量从 10 个到 100 个不等，每个区域间隔为 10 个，因此总共得到了 720（72×10）个符合条件的场景。采用遗传算法（GA）对 TSPs 进行求解，通过国际通用 TSP 测试库 TSPLIB 的实例 eil101 和 a280 验证了遗传算法求解 TSP 的有效性。

拟合结果如附表 8−1 所示，其中 $\alpha_1^1 - \alpha_4^4$ 是系数。结果表明，模型 2 的 R^2 值为 0.96，平均绝对百分比误差（MAPE）为 7.04%，验证了模型 2 在四种方案中表现最佳。

附表 8−1 最优行程长度标准差模型

模型序号	拟合模型	R^2	P 值	MPE（%）	MAPE（%）
1	$\sigma = \alpha_1^1\sqrt{A} + \alpha_2^1 n + \alpha_3^1 R - \alpha_4^1$	0.95	2.2E−16	−0.55	7.52
2	$\sigma = \alpha_1^2\sqrt{A} + \alpha_2^2\sqrt{An} + \alpha_3^2 n + \alpha_4^2 R + \alpha_5^{2a}$	0.96	2.2E−16	−0.48	7.04

模型序号	拟合模型	R^2	P 值	MPE（%）	$MAPE$（%）
3	$\sigma = \alpha_1^3 \sqrt{An} + \alpha_2^3 \dfrac{R}{n} + \alpha_3^3$	0.79	2.2E—16	−6.57	19.03
4	$\sigma = \alpha_1^4 \sqrt{A} + \alpha_2^4 \sqrt{A/n} + \alpha_3^4 R + \alpha_4^4$	0.95	2.2E—16	−0.78	7.95

[a] α_1^2、α_2^2、α_3^2、α_4^2、α_5^2 的值分别为 0.3541、0.1560、0.0294、0.2329、0.5567。

参考文献

[1] FELIPE Á, ORTUÑO M T, RIGHINI G, et al. A heuristic approach for the green vehicle routing problem with multiple technologies and partial recharges [J]. Transportation Research Part E: Logistics and Transportation Review, 2014, 71: 111−128.

[2] ADLER J D, MIRCHANDANI P B. Online routing and battery reservations for electric vehicles with swappable batteries [J]. Transportation Research Part B, 2014, 70: 285−302.

[3] NUZZOLO A, RUSSO F, CRISALLI U. A Doubly Dynamic Schedule−based Assignment Model for Transit Networks [J]. Transportation Science, 2001, 35 (3): 268−285.

[4] AN K, LO K H. Two−phase stochastic program for transit network design under demand uncertainty [J]. Transportation Research Part B: Methodological, 2016, 84: 157−181.

[5] AN K, LO K H. Ferry service network design with stochastic demand under user equilibrium flows [J]. Transportation Research Part B Methodological, 2014, 66: 70−89.

[6] AN K, LO K H. Robust transit network design with stochastic demand considering development density [J]. Transportation Research Part B Methodological, 2015, 81: 737−754.

[7] ARSLAN O, KARASAN O E. A Benders decomposition approach for the charging station location problem with plug−in hybrid electric vehicles [J]. Transportation Research Part B Methodological, 2016, 93: 670−695.

[8] BEICHELT F. A Replacement Policy Based on Limits for the Repair Cost Rate [J]. IEEE Transactions on Reliability, 1982 (4): 401−403.

[9] BELTRAN B, CARRESE S, CIPRIANI E , et al. Transit network design with allocation of green vehicles: A genetic algorithm approach [J]. Transportation Research Part C Emerging Technologies, 2009, 17 (5): 475−483.

[10] BUNTE S, KLIEWER N. An overview on vehicle scheduling models [J]. Public Transport, 2009, 1 (4): 299−317.

[11] Carlsson J G, Delage E. Robust partitioning for stochastic multivehicle routing [J]. Operations Research, 2013, 61 (3): 727−744.

[12] CARPANETO G, DELL'AMICO M, FISCHETTI M, et al. A branch and bound algorithm for the multiple depot vehicle scheduling problem [J]. Networks, 1989, 19 (5): 531−548.

[13] CEDER A, HASSOLD S, DUNLOP C, et al. Improving urban public transport service using new timetabling strategies with different vehicle sizes [J]. International Journal of Urban Sciences, 2013, 17 (2): 239−258.

[14] Cen X, Lo H K, Li L. A framework for estimating traffic emissions: The development of Passenger Car Emission Unit [J]. Transportation research, Part D. Transport and environment, 2016, 44: 78−92.

[15] CHANDRA S, QUADRIFOGLIO L. A model for estimating the optimal cycle length of demand responsive feeder transit services [J]. Transportation Research Part B: Methodological, 2013, 51 (2): 1−16.

[16] CHANG S K, SCHONFELD P M. Multiple period optimization of bus transit system [J]. Transportation Research Part B: Methodological, 1991, 25 (6): 453−478.

[17] CHEN Z, HE F, YIN Y. Optimal deployment of charging lanes for electric vehicles in transportation networks [J]. Transportation Research Part B Methodological, 2016, 91: 344−365.

[18] CHIEN S I J, SPASOVIC L N. Optimization of grid bus transit systems with elastic demand [J]. Journal of Advanced Transportation, 2010, 36 (1): 63−91.

[19] CHILDRESS S, DURANGO−COHEN P. On parallel machine replacement problems with general replacement cost functions and stochastic deterioration [J]. Naval Research Logistics (NRL), 2005, 52 (5):

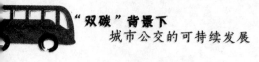

409—419.

[20] CIAFFI F, CIPRIANI E, PETRELLI M. Feeder bus network design problem: A new metaheuristic procedure and real size applications [J]. Procedia — Social and Behavioral Sciences, 2012, 54: 798—807.

[21] COOK T J, STRATEN E A. Alternative—fueled, low—emission bus purchases in north carolina [J]. Transportation Research Record, 2001, 1760 (1): 171—177.

[22] DAGANZO C F. The length of tours in zones of different shapes [J]. Transportation Research Part B: Methodological, 1984, 18 (2): 135—145.

[23] DESAULNIERS G, ERRICO F, IRNICH S, et al. Exact algorithms for electric vehicle—routing problems with time windows [J]. Operations Research, 2016, 64 (6): 1388—1405.

[24] DILL J. Estimating emissions reductions from accelerated vehicle retirement programs [J]. Transportation Research Part D: Transport and Environment, 2004, 9 (2): 87—106.

[25] DOHI T, KAIO N, OSAKI S. A graphical method to repair—cost limit replacement policies with imperfect repair [J]. Mathematical and Computer Modelling, 2000, 31 (10): 99—106.

[26] DOUCETTE R T, MCCULLOCH M D. Modeling the CO_2 emissions from battery electric vehicles given the power generation mixes of different countries [J]. Energy Policy, 2011, 39 (2): 803—811.

[27] EKSTRÖM M, SJÖDIN Å, ANDREASSON K. Evaluation of the COPERT III emission model with on—road optical remote sensing measurements [J]. Atmospheric Environment, 2004, 38 (38): 6631—6641.

[28] Erdoǧan S, Miller—Hooks E. A green vehicle routing problem [J]. Transportation Research Part E: logistics and transportation review, 2012, 48 (1): 100—114.

[29] FUSCO G, ALESSANDRINI A, COLOMBARONI C, et al. A Model for Transit Design with Choice of Electric Charging System [J]. Procedia—Social and Behavioral Sciences, 2013, 87: 234—249.

[30] GAO H O, STASKO T H. Cost—minimizing retrofit/replacement strategies for diesel emissions reduction [J]. Transportation Research Part

D: Transport and Environment, 2009, 14 (2): 111—119.

[31] Kocur G, Hendrickson C. Design of Local Bus Service with Demand E-quilibration [J]. Transportation Science, 1982, 16 (2): 149—170.

[32] GOEKE D, SCHNEIDER M. Routing a mixed fleet of electric and conventional vehicles [J]. European Journal of Operational Research, 2015, 245 (1): 81—99.

[33] HASSOLD S, CEDER A. Multiobjective Approach to Creating Bus Timetables with Multiple Vehicle Types [J]. Transportation Research Record: Journal of the Transportation Research Board, 2012, 2276 (1): 56—62.

[34] HASSOLD S, CEDER A A. Public transport vehicle scheduling featuring multiple vehicle types [J]. Transportation Research Part B Methodological, 2014, 67: 129—143.

[35] HE F, WU D, YIN Y, et al. Optimal deployment of public charging stations for plug—in hybrid electric vehicles [J]. Transportation Research Part B: Methodological, 2013, 47: 87—101.

[36] HIERMANN G, PUCHINGER J, ROPKE S, et al. The electric fleet size and mix vehicle routing problem with time windows and recharging stations [J]. European Journal of Operational Research, 2016, 252 (3): 995—1018.

[37] HOF J, SCHNEIDER M, GOEKE D. Solving the battery swap station location—routing problem with capacitated electric vehicles using an AVNS algorithm for vehicle—routing problems with intermediate stops [J]. Transportation Research Part B: Methodological, 2017, 97: 102—112.

[38] LO H K, AN K, LIN W. Ferry service network design under demand uncertainty [J]. Transportation Research Part E: Logistics and Transportation Review, 2013, 59: 48—70.

[39] BEARDWOOD J, HALTON J H, HAMMERSLEY J M. The shortest path through many points [J]. Mathematical Proceedings of the Cambridge Philosophical Society, 1959, 55 (4): 299—327.

[40] JONES P C, ZYDIAK J L, HOPP W J. Parallel machine replacement [J]. Naval Research Logistics (NRL), 1991, 38 (3): 351—365.

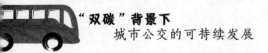

[41] DE JONG G, KOUWENHOVEN M, KROES E, et al. Preliminary monetary values for the reliability of travel times in freight transport [J]. European Journal of Transport and Infrastructure Research, 2009, 9 (2): 83—99.

[42] KESKIN M, CATAY B. Partial recharge strategies for the electric vehicle routing problem with time windows [J]. Transportation Research Part C: Emerging Technologies, 2016, 65: 111—127.

[43] KHATTAK A J, YIM Y. Traveler response to innovative personalized demand—responsive transit in the san francisco bay area [J]. Journal of urban planning and development, 2004, 130 (1): 42—55.

[44] KIM M E, SCHONFELD P. Integrating bus services with mixed fleets [J]. Transportation Research Part B: Methodological, 2013, 55: 227—244.

[45] KIM M E, SCHONFELD P. Maximizing net benefits for conventional and flexible bus services [J]. Transportation research, Part A, 2015, 80A (Oct.): 116—133.

[46] KLIEWER N, GINTNER V, SUHL L. Line change considerations within a time—space network based multi—depot bus scheduling model [J]. Springer Berlin Heidelberg, 2008: 57—70.

[47] KLIEWER N, MELLOULI T, SUHL L. A time - space network based exact optimization model for multi—depot bus scheduling [J]. European Journal of Operational Research, 2006, 175 (3): 1616—1627.

[48] KOLEN A W J, RINNOOY KAN A H G, TRIENEKENS H W J M. Vehicle routing with time windows [J]. Operations Research, 1987, 35 (2): 266—273.

[49] LAI M F, LO H K. Ferry service network design: optimal fleet size, routing, and scheduling [J]. Transportation Research Part A, 2004, 38 (4): 305—328.

[50] LAJUNEN A. Energy consumption and cost—benefit analysis of hybrid and electric city buses [J]. Transportation Research Part C: Emerging Technologies, 2014, 38: 1—15.

[51] LI J Q, HEAD K L. Sustainability provisions in the bus—scheduling problem [J]. Transportation Research Part D: Transport and Environ-

ment, 2009, 14 (1): 50—60.

[52] LI J Q. Transit bus scheduling with limited energy [J]. Transportation Science, 2014, 48 (4): 521—539.

[53] LI L, LO H K, CEN X. Optimal bus fleet management strategy for e-missions reduction [J]. Transportation Research Part D: Transport and Environment, 2015, 41: 330—347.

[54] LI L, LO H K, XIAO F, et al. Mixed bus fleet management strategy for minimizing overall and emissions external costs [J]. Transportation Research Part D: Transport and Environment, 2018, 60: 104—118.

[55] LI X, MA J, CUI J, et al. Design framework of large—scale one—way e-lectric vehicle sharing systems: A continuum approximation model [J]. Transportation Research Part B: Methodological, 2016, 88: 21—45.

[56] LI X, QUADRIFOGLIO L. Optimal zone design for feeder transit serv-ices [J]. Transportation Research Record, 2009, 2111 (1): 100—108.

[57] LIAO C S, LU S H, SHEN Z J M. The electric vehicle touring problem [J]. Transportation Research Part B: Methodological, 2016, 86: 163—180.

[58] LIM S, KUBY M. Heuristic algorithms for siting alternative—fuel sta-tions using the Flow—Refueling Location Model [J]. European Journal of Operational Research, 2010, 204 (1): 51—61.

[59] LIU H, WANG D Z W. Locating multiple types of charging facilities for battery electric vehicles [J]. Transportation Research Part B: Methodo-logical, 2017, 103: 30—55.

[60] SENNA L A D S. The influence of travel time variability on the value of time [J]. Transportation, 1994, 21 (2): 203—228.

[61] IMAM M O. Optimal design of public bus service with demand equilibri-um [J]. Journal of Transportation Engineering, 1998, 124 (5): 431—436.

[62] MAK H Y, RONG Y, SHEN Z J M. Infrastructure planning for electric vehicles with battery swapping [J]. Management Science, 2013, 59 (7): 1557—1575.

[63] MATTHEWS H S, HENDRICKSON C, HORVATH A. External costs of air emissions from transportation [J]. Journal of Infrastructure Sys-

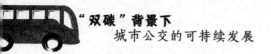
tems, 2001, 7 (1): 13—17.

[64] BRUGLIERI M, PEZZELLA F, PISACANE O, et al. A variable neighborhood search branching for the electric vehicle routing problem with time windows [J]. Electronic Notes in Discrete Mathematics, 2015, 47: 221—228.

[65] SCHIFFER M, WALTHER G. The electric location routing problem with time windows and partial recharging [J]. European Journal of Operational Research, 2017, 260 (3): 995—1013.

[66] MCCLURG T, CHAND S. A parallel machine replacement model [J]. Naval Research Logistics (NRL), 2002, 49 (3): 275—287.

[67] MENSINK C, DE VLIEGER I, NYS J. An urban transport emission model for the Antwerp area [J]. Atmospheric Environment, 2000, 34 (27): 4595—4602.

[68] LI M, SONG G, CHENG Y, et al. Identification of prior factors influencing the mode choice of short distance travel [J]. Discrete Dynamics in Nature and Society, 2015 (1): 1—9.

[69] MOHAMED M, FARAG H, EL—TAWEEL N, et al. Simulation of electric buses on a full transit network: Operational feasibility and grid impact analysis [J]. Electric Power Systems Research, 2017, 142: 163—175.

[70] MONTOYA A, GUÉRET C, MENDOZA J E, et al. A multi—space sampling heuristic for the green vehicle routing problem [J]. Transportation Research Part C: Emerging Technologies, 2016, 70: 113—128.

[71] MONTOYA A, GUÉRET C, MENDOZA J E, et al. The electric vehicle routing problem with nonlinear charging function [J]. Transportation Research Part B: Methodological, 2017, 103: 87—110.

[72] KIM M, SCHONFELD P, KIM E. Switching service types for multi—region bus systems [J]. Transportation Planning and Technology, 2018, 41 (6): 617—643.

[73] KARABAKAL N, LOHMANN J R, BEAN J C. Parallel replacement under capital rationing constraints [J]. Management Science, 1994, 40 (3): 305—319.

[74] NIE Y M, GHAMAMI M, ZOCKAIE A, et al. Optimization of incen-

tive polices for plug-in electric vehicles [J]. Transportation Research Part B: Methodological, 2016, 84: 103-123.

[75] NOEL L, MCCORMACK R. A cost benefit analysis of a V2G-capable electric school bus compared to a traditional diesel school bus [J]. Applied Energy, 2014, 126: 246-255.

[76] OLDFIELD R H, BLY P H. An analytic investigation of optimal bus size [J]. Transportation Research Part B : Methodological, 1988, 22 (5): 319-337.

[77] ONG H L, HUANG H C. Asymptotic expected performance of some TSP heuristics: An empirical evaluation [J]. European Journal of Operational Research, 1989, 43 (2): 231-238.

[78] JAILLET P. A priori solution of a traveling salesman problem in which a random subset of the customers are visited [J]. Operations Research, 1988, 36 (6): 929-936.

[79] PELKMANS L, DE KEUKELEERE D, LENAERS G. Emissions and fuel consumption of natural gas powered city buses versus diesel buses in real-city traffic [M]. WIT Press, 2001.

[80] PTERNEA M, KEPAPTSOGLOU K, KARLAFTIS M G. Sustainable urban transit network design [J]. Transportation Research Part A: Policy and Practice, 2015, 77: 276-291.

[81] QUADRIFOGLIO L, LI X. A methodology to derive the critical demand density for designing and operating feeder transit services [J]. Transportation Research Part B: Methodological, 2009, 43 (10): 922-935.

[82] WAN Q K, LO H K. A mixed integer formulation for multiple-route transit network design [J]. Journal of Mathematical Modelling and Algorithms, 2003, 2 (4): 299-308.

[83] WAN Q K, LO H K. Congested multimodal transit network design [J]. Public Transport, 2009, 1 (3): 233-251.

[84] ROCKAFELLAR R T. Augmented Lagrange multiplier functions and duality in nonconvex programming [J]. SIAM Journal on Control, 1974, 12 (2): 268-285.

[85] RAFF S. Routing and scheduling of vehicles and crews: The state of the art [J]. Computers & Operations Research, 1983, 10 (2): 63-211.

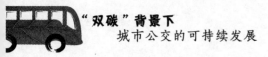

[86] ROMILLY P. Substitution of bus for car travel in urban Britain: an economic evaluation of bus and car exhaust emission and other costs [J]. Transportation Research Part D: Transport and Environment, 1999, 4 (2): 109−125.

[87] SCHIFFER M, WALTHER G. An adaptive large neighborhood search for the location−routing problem with intra−route facilities [J]. Transportation Science, 2018, 52 (2): 331−352.

[88] SCHNEIDER M, STENGER A, GOEKE D. The electric vehicle−routing problem with time windows and recharging stations [J]. Transportation Science, 2014, 48 (4): 500−520.

[89] SCHNEIDER M, STENGER A, HOF J. An adaptive VNS algorithm for vehicle routing problems with intermediate stops [J]. Or Spectrum, 2015, 37 (2): 353−387.

[90] CHANG S K, SCHONFELD P M. Optimization models for comparing conventional and subscription bus feeder services [J]. Transportation Science, 1991, 25 (4): 281−298.

[91] PELLETIER S, JABALI O, LAPORTE G, et al. Battery degradation and behaviour for electric vehicles: Review and numerical analyses of several models [J]. Transportation Research Part B: Methodological, 2017, 103: 158−187.

[92] STASKO T H, GAO H O. Reducing transit fleet emissions through vehicle retrofits, replacements, and usage changes over multiple time periods [J]. Transportation Research Part D: Transport and Environment, 2010, 15 (5): 254−262.

[93] STEIN D M. An asymptotic, probabilistic analysis of a routing problem [J]. Mathematics of Operations Research, 1978, 3 (2): 89−101.

[94] THEIN S, CHANG Y S. Decision making model for lifecycle assessment of lithium−ion battery for electric vehicle—a case study for smart electric bus project in Korea [J]. Journal of Power Sources, 2014, 249: 142−147.

[95] STASKO T H, GAO H O. Developing green fleet management strategies: repair/retrofit/replacement decisions under environmental regulation [J]. Transportation Research Part A: Policy and Practice, 2012, 46

(8): 1216—1226.

[96] VAZ W, NANDI A K R, LANDERS R G, et al. Electric vehicle range prediction for constant speed trip using multi—objective optimization [J]. Journal of Power Sources, 2015, 275: 435—446.

[97] JACKSON W B, JUCKER J V. An empirical study of travel time variability and travel choice behavior [J]. Transportation Science, 1982, 16 (4): 460—475.

[98] WANG D Z W, LO H K. Multi—fleet ferry service network design with passenger preferences for differential services [J]. Transportation Research Part B: Methodological, 2008, 42 (9): 798—822.

[99] WANG Y, HUANG Y, XU J, et al. Optimal recharging scheduling for urban electric buses: A case study in Davis [J]. Transportation Research Part E: Logistics and Transportation Review, 2017, 100: 115—132.

[100] FENG W, FIGLIOZZI M. An economic and technological analysis of the key factors affecting the competitiveness of electric commercial vehicles: A case study from the USA market [J]. Transportation Research Part C: Emerging Technologies, 2013, 26: 135—145.

[101] WU X, FREESE D, CABRERA A, et al. Electric vehicles' energy consumption measurement and estimation [J]. Transportation Research Part D: Transport and Environment, 2015, 34: 52—67.

[102] XYLIA M, LEDUC S, PATRIZIO P, et al. Locating charging infrastructure for electric buses in Stockholm [J]. Transportation Research Part C: Emerging Technologies, 2017, 78: 183—200.

[103] YANG H, CHERRY C R, ZARETZKI R, et al. A GIS—based method to identify cost—effective routes for rural deviated fixed route transit [J]. Journal of Advanced Transportation, 2016, 50 (8): 1770—1784.

[104] YANG H, CHERRY C R. Use characteristics and demographics of rural transit riders: a case study in Tennessee [J]. Transportation Planning and Technology, 2017, 40 (2): 213—227.

[105] YANG H, LIANG X, ZHANG Z, et al. Statistical modeling of quartiles, standard deviation, and buffer time index of optimal tour in traveling salesman problem and implications for travel time reliability [J].

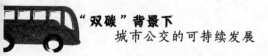
Transportation Research Record, 2020, 2674 (12): 339-347.

[106] YANG J, SUN H. Battery swap station location-routing problem with capacitated electric vehicles [J]. Computers & Operations Research, 2015, 55: 217-232.

[107] YU J, LU X, PAN S, et al. Traveler willingness to use flexible transit services in China: case study of qilu software park [J]. Journal of Urban Planning and Development, 2017, 143 (2): 05016018.

[108] ZEGRAS P C. As if Kyoto mattered: The clean development mechanism and transportation [J]. Energy Policy, 2007, 35 (10): 5136-5150.

[109] ZHANG Y, WANG W, KOBAYASHI Y, et al. Remaining driving range estimation of electric vehicle [C] //2012 IEEE International Electric Vehicle Conference. IEEE, 2012: 1-7.

[110] LI Z, OUYANG M. The pricing of charging for electric vehicles in China—dilemma and solution [J]. Energy, 2011, 36 (9): 5765-5778.

[111] CHAO Z, XIAO H C. Optimizing battery electric bus transit vehicle scheduling with battery exchanging: model and case study [J]. Procedia-Social and Behavioral Sciences, 2013, 96: 2725-2736.